FICHA CATALOGRÁFICA
Bibliotecária: Alice Tacão Wagner - CRB 7/RJ 4316

S487d
Serrano, Pablo Jiménez.
Direito das obrigações: doutrina geral. [livro eletrônico] / Pablo Jiménez Serrano. – Rio de Janeiro: Jurismestre, 2015.

167 p. : Il.

ISBN 978-85-69257-13-4

1. Direito civil. 2. Obrigações. 3. Contratos. I. Título.

CDD – 347

AF854077

***Editoração e Acabamento*:**
Editora Jurismestre – Rua H, n. 173
Fone: (24) 99905-8200 – 27251-223 – Volta Redonda, RJ.
www.loja.jurismestre.com.br
contato@jurismestre.com.br

Pablo Jiménez Serrano

Graduação em Direito pela Universidade do Oriente, Cuba (1983), Mestrado em Epistemologia da Política e do Direito pela Universidade São Judas Tadeu (2005) e Doutorado em Direito pela Universidade do Oriente, Cuba (1996), diploma revalidado (RECONHECIDO), de acordo com os documentos constantes do Processo n. 2000.1.4694.1.7 pela Universidade de São Paulo - USP/SP (02 de agosto de 2004). Cursou o Programa de Doutorado: Metodologia Fontes e Instituições Jurídicas da Universidade de Alicante, Espanha. Professor e pesquisador do Centro Universitário Salesiano de São Paulo, Unisal, Lorena. Professor e pesquisador do Centro Universitário de Volta Redonda, UniFOA. Tem experiência na área de Direito, com ênfase em Direito Civil e Direito do Consumidor, atuando principalmente nos seguintes temas: Metodologia do Ensino e da Pesquisa Jurídica, Hermenêutica e Interpretação Jurídica, Filosofia do Direito, Ética Pública e Empresarial, Teoria do Direito etc. É autor de vários livros e artigos científicos.

Sumário

Introdução

Na presente obra decidimos privilegiar um estudo acerca da importante Teoria do Direito das Obrigações. Tratamos, pois, de um conhecimento basilar para a compreensão e domínio do tecnicismo jurídico, em geral, e dos direitos Privado e Civil, em particular.

A obra tem como cerne a abordagem histórico-doutrinária dos conceitos, classificações e definições próprias deste instituto central do Direito Civil. Contudo, destaca-se o lugar que ocupa o Direito das Obrigações dentro do Direito Privado, estudo que nos exigiu a sistematização teórica e metodológica do conteúdo essencial deste direito crucial.

Assim, considerando o Direito das Obrigações como o eixo de todo sistema jurídico, algumas questões parecem ser decisivas para o estudo, interpretação e uso de doutrinas e normas jurídicas, a saber:

a) qual a definição e natureza jurídica do Direito das Obrigações?

b) qual é o objeto ou o conteúdo do direito obrigacional?

c) qual o papel, a utilidade e o lugar que o Direito das Obrigações ocupa dentro do ordenamento jurídico vigente?

d) quais são os conceitos básicos deste importante direito?

e) quais são os princípios e regras mais usados no trabalho jurídico, no conhecimento e na resolução dos conflitos jurídicos?

f) quais são os métodos didáticos a serem usados para a compreensão dos conteúdos desta disciplina?

g) quais relações se observam entre a teoria das obrigações e a prática jurídica?

Eis que, a compreensão de tais problemas se faz depender do conhecimento e domínio de diversas categorias propostas pela doutrina nacional e estrangeira, teoria que nos permite desvendar o caráter (ou natureza) de um ramo do direito, muitas vezes visto como uma ciência ou como uma parte específica do Direito Civil.

Em efeito, concluímos que o Direito das Obrigações é um instituto basilar que nos fornece os fundamentos para a compreensão de Direito em geral e a estruturação de todo e qualquer regime jurídico em particular. Sua compreensão facilita a projeção do caminho que nos permitem, entre outras coisas, a pesquisa e a resolução dos problemas jurídicos. Eis o que justifica a divulgação destas primeiras linhas, por meio das quais decidimos difundir o estudo da estrutura conceitual, principiológica e institucional desta importante área, destacando, ainda, a forma em que o regime das obrigações se nos apresenta no Código Civil brasileiro, preâmbulo para futuros trabalhos que terão como objeto as regras contidas na legislação estrangeira.

Capítulo 1

Introdução ao Direito das Obrigações

O Direito das Obrigações é uma parte específica do Direito Civil que, constituído por princípios e normas, disciplina os chamados direitos de *crédito* ou de *obrigações*. É um Direito peculiar que tem como finalidade a regulamentação das relações transitórias de caráter "patrimonial"[1] entre pessoas.

Destarte, o Direito das Obrigações é, de fato, definido de diversas maneiras. Na doutrina nacional, por exemplo, é considerado um ramo do Direito Civil que trata dos vínculos entre *credor* e *devedor* e que consiste num complexo de normas que regem relações jurídicas de ordem patrimonial, que têm por objeto prestações de um sujeito em proveito de outro. Para alguns doutrinadores é mesmo um Direito que visa regular aqueles vínculos jurídicos em que ao poder de exigir uma prestação, conferido a alguém, corresponde um dever de prestar, imposto a outrem, como, p. ex., o direito que tem o vendedor de exigir do comprador o preço convencionado ou o direito do locador de reclamar o aluguel do bem locado.[2]

Trata-se, pois, de um direito regulador das relações pessoais estabelecidas entre um sujeito ativo "credor" e um sujeito passivo "devedor" que exclui a relação que pode vir a existir entre pessoas e coisas.

1.1 Definição do Direito das Obrigações

Podemos afirmar, o Direito das Obrigações, se nos apresenta como uma disciplina jurídica que conhece de um tipo específico de relação jurídica: a relação de obrigação, também chamada de relação ou direito de crédito que, por estar presente em toda a vida

---

[1] Conceito que abrange o conjunto de bens e direitos de toda pessoa natural ou jurídica, suscetíveis de estimação pecuniária.

[2] DINIZ, Maria Helena. *Curso de direito civil brasileiro*, 2º volume: teoria geral das obrigações. 19. ed., ver., aum. e atual. de acordo com o novo Código Civil (Lei n. 10.406, de 10-1-2002) e o Projeto de Lei n. 6.960/2002. São Paulo: Saraiva, 2004, p. 3.

socioeconômica, considera-se a base ou o sustento de todo o Direito Civil. Já, do ponto de vista normativo (ou positivista) fala-se de um ramo do direito que privilegia a livre iniciativa, estabelecendo um conjunto de regras destinadas a proteger as relações socioeconômicas e a viabilizar a realização social de determinados princípios e normas constitucionais, a saber: a inviolabilidade e garantia do direito à propriedade, o livre exercício de qualquer trabalho, ofício, profissão ou atividade econômica e a defesa do consumidor (art. 5º XIII, XXII, XXXII e 170, IX da Constituição da República Federativa do Brasil).[3]

1.2 Objeto de estudo do Direito das Obrigações

As normas constitutivas do Direito das Obrigações regem relações jurídicas de ordem patrimonial, que têm por objeto prestações de um sujeito em proveito de outro. É, neste sentido, que o direito das obrigações disciplina as relações jurídicas de natureza pessoal, visto que seu conteúdo é a "prestação patrimonial", ou seja, a ação ou omissão do devedor tendo em vista o interesse do credor, que, por sua vez, tem o direito de exigir o seu cumprimento, podendo, para tanto, movimentar a máquina judiciária, se necessário.[4]

No sentido técnico-doutrinário, admite Silvio de Salvo Venosa[5], a obrigação deve conter uma prestação de conteúdo direta ou indiretamente patrimonial. Eis que o Direito não pode agir sobre realidades puramente abstratas. Uma obrigação que não possa resumir-se, em sínteses, à apreciação pecuniária, ainda que sob o prisma da execução forçada, ficará no campo da Moral, não será jurídica. Sob esse aspecto, lembra o autor que, embora a maioria das obrigações possua conteúdo imediatamente patrimonial, como comprar e vender, alugar, doar etc., há prestações em que esse conteúdo não é facilmente perceptível ou mesmo não existe. Não confundamos, porém, a obrigação, no sentido técnico, com certos deveres que escapam a tal conteúdo, por exemplo, a obrigação de servir às Forças Armadas. Outro interessante exemplo que aqui podemos acrescentar seria o dever de obediência dos filhos para com os pais. Certamente, a prestação vista na relação obrigacional deve ser suscetível de ser avaliada em dinheiro.

---

[3] Constituição Federativa do Brasil promulgada em 05 de outubro de 1988. In Constituição Federal, Código Civil e Código de Processo Civil. 6. ed. Nylson Paim de Abreu Filho (organizador). Porto Alegre: Verbo Jurídico, 2005, p. 13.
[4] DINIZ, Maria Helena. *Curso de direito civil brasileiro*, 2º volume: teoria geral das obrigações. 19. ed., ver., aum. e atual. de acordo com o novo Código Civil (Lei n. 10.406, de 10-1-2002) e o Projeto de Lei n. 6.960/2002. São Paulo: Saraiva, 2004, p. 2.
[5] VENOSA, Sílvio de Salvo. *Direito civil: teoria geral das obrigações e teoria geral dos* contratos. 4. ed. São Paulo: Atlas, 2004, p. 40.

Veja-se que é por meio das obrigações que se verifica a troca de valores: bens e serviços entre os homens, este parece ser o fundamento do conteúdo das obrigações estudadas ou regidas pelo Direito das Obrigações. Daí que, maiormente, se reconheça como objeto do direito das obrigações as determinadas "relações jurídicas que alguns denominam *direitos de crédito* e outros chamam *direitos pessoais* ou *obrigacionais*".[6]

1.3 Importância do estudo do Direito das Obrigações

A compreensão minuciosa do Direito das Obrigações é de extrema importância para todo e qualquer estudante ou profissional do Direito, tanto do ponto de vista teórico, como prático, sendo vista esta parte relevante do Direito Civil como a base de todo o direito, onde se albergam as noções fundamentais da epistemologia desta importante área de conhecimento humano.

Acerca da importância do Direito das Obrigações, ensina Venosa[7] que, didaticamente falando, ele ocupa um destaque fundamental no estudo do Direito, porque seus lineamentos fundamentais não só abrange o Direito Civil, mas também todo o aspecto estrutural de nossa ciência. Todavia, o nosso autor reconhece que a importância das obrigações revela-se por ser projeção da autonomia privada no Direito. Ao contrário dos direitos reais, as relações obrigacionais são infinitas. Estão presentes desde a atividade mais simples até a atividade mais complexa da sociedade. São reguladas pelo direito obrigacional tanto a mais comezinha compra e venda, quanto a mais complexa negociação. Neste sentido, é que o Direito das Obrigações dá o suporte econômico da sociedade, porque é por meio dele que circulam os bens e as riquezas e escoa-se a produção, numa sociedade de consumo onde há tendência crescente de pulverização das relações obrigacionais. A todo momento, a publicidade e a propaganda estão incentivando o consumo. Da necessidade mais premente ao fator mais supérfluo, o homem está sempre consumindo e, para isso, estará socorrendo-se do Direito das Obrigações. Em todas as atividades, da produção à distribuição de bens e serviços, imiscui-se o direito obrigacional. Veja-se que a legislação consumerista, embora tenha instituído um microssistema jurídico, não pode deixar de ter como substrato fundamental os conceitos tradicionais do direito obrigacional.

---

[6] GONÇALVES, Carlos Roberto. *Direito civil brasileiro*. Volume 2: teoria geral das obrigações. São Paulo: Saraiva, 2004, p. 1.

[7] VENOSA, Sílvio de Salvo. *Direito civil: teoria geral das obrigações e teoria geral dos* contratos. 4. ed. São Paulo: Atlas, 2004, p. 24, 28-29.

Assim, continua o nosso autor, ninguém, em sociedade, prescinde desse instituto. A todo instante em nossa vida, por mais simples que seja a atividade do indivíduo, compramos ou vendemos, alugamos ou emprestamos, doamos ou recebemos doação. Existe, portanto, um estímulo, gerado por um valor, para que seja por nós contraída uma obrigação. Há um impulso que faz com que nos comprometamos a fazer algo em prol de alguém, recebendo, na maioria das vezes, algo em troca.[8]

De fato, uma boa parte de nossa convivência social é regida por normas jurídicas que estabelecem consequências desejadas ou indesejáveis. Assim, ao produzir, distribuir e consumir, todo ser humano assume determinados compromissos: contrata; e além dos contratos nascem outros tipos de relações, de obrigações, como são as derivadas propriamente da lei, da vontade e do desempenho social. Em fim, obrigações jurídicas e não jurídicas.

Para Maria Helena Diniz[9], a grande importância do direito das obrigações nos dias atuais radica na frequência de relações jurídicas obrigacionais estabelecidas em sociedade. Deveras, ensina a citada autora, o homem moderno vive numa "sociedade de consumo", onde os bens ou novos produtos da tecnologia moderna lhe são apresentados mediante uma propaganda, tão bem elaborada, que o leva a sentir necessidades primárias ou voluptuárias nunca antes experimentadas, como, p. ex., a de substituir um carro novo por um "zero km", que, embora supérfluo, virá satisfazer um anseio de *status*. Certamente, é no Direito das Obrigações que a atividade econômica encontra sua ordenação jurídica, visto que esse ramo do Direito Civil tem por escopo equilibrar (proteger, resguardar, tutelar) as relações entre credor e devedor, mediante as quais o indivíduo exerce seu direito de contrair certas obrigações para atender às suas necessidades, buscado os bens e os serviços que lhe deem satisfação. Assim sendo, é indubitável que o direito das obrigações intervém em toda a nossa vida econômica.

Em suma, considera-se o Direito das Obrigações como a parte mais teórica da ciência do Direito cujo sentido e conteúdo facilitam a melhor compreensão e resolução de problemas jurídicos. Há, contudo, uma boa razão para atribuirmos a esse direito um caráter especial, pois seu conhecimento e domínio são essenciais para operar noutros ramos do Direito.

---

[8] Ibid., p. 22.

[9] DINIZ, Maria Helena. *Curso de direito civil brasileiro*, 2º volume: teoria geral das obrigações. 19. ed., ver., aum. e atual. de acordo com o novo Código Civil (Lei n. 10.406, de 10-1-2002) e o Projeto de Lei n. 6.960/2002. São Paulo: Saraiva, 2004, p. 4.

1.4 Evolução histórica do Direito das Obrigações

Historicamente o Direito das Obrigações tem sido considerado como a parte mais abstrata e imutável no Direito Civil, que menos difere entre sistemas jurídicos e nações e que conserva uma maior influência do Direito Romano. Contudo, tem-se afirmado que esta parte do direito, por estar conformado por instituições estáveis e duradouras, é mesmo de lenta modificação.

Para Silvio de Salvo Venosa[10], por exemplo, a Teoria das Obrigações é a parte mais estável do Direito Civil que nos foi legada do Direito Romano, pois o Direito de Família e das Sucessões, assim também de certa forma o Direito das Coisas, ficaram presos a velhas instituições, precisamos ver que houve profunda evolução dentro das várias fases do Direito que nos serviu de base. Veja-se igualmente que a teoria das obrigações que imperou na Europa, na Idade Média, derivava de costumes germânicos. A autonomia da vontade era reduzida e os contratos eram bastante formais. Com o renascimento dos estudos romanísticos nos séculos X e XI volta à luz a legislação romana que se mostrava superior aos direitos locais, então empregados como direito positivo. Não nos esqueçamos, também, da influência da Igreja que pesou decisivamente para que princípios de ordem moral fossem acolhidos no Direito. Passa a ter influência o princípio da palavra dada nos contratos, preparando terreno para que, no século XVI, surja a regra da força obrigatória dos contratos, inserida na codificação napoleônica. Assim, recebemos essa influência da legislação francesa, inspirada no liberalismo. O Código Civil de 1916, criado no século XIX e preso às inspirações filosóficas de seu tempo, apresenta princípios que hoje são postos em choque perante o constante intervencionismo do Estado e a publicização do Direito privado, requerendo muita argúcia do aplicador da lei, que deve acompanhar a evolução de sua época.

Contudo, foi com base no Direito Romano que conceitos e regras obrigacionais se projetaram para o moderno direito, mas, por meio de uma evolução lenta e pouco sentida. Justifica-se, assim, o entendimento do Direito das Obrigações como um direito não dogmático, que se modifica, aperfeiçoa-se como consequência do próprio rigor imposto pela dinâmica das relações socioeconômicas. Assim sendo, o Direito das Obrigações foi e é um produto das transformações sociais, que evoluiu e, constantemente, evolui para um tipo de direito mais complexo, "que dá confiança ao indivíduo e sua vontade e que, sob o manto da justiça social e das necessidades modernas de produção, procura inserir o indivíduo numa

---

[10] VENOSA, Sílvio de Salvo. *Direito civil: teoria geral das obrigações e teoria geral dos* contratos. 4. ed. São Paulo: Atlas, 2004, p. 31.

disciplina coletiva. De qualquer modo, o caráter universal e abstrato do Direito das Obrigações fez com que se mantivesse a estrutura romanística até o presente. Não obstante isso, superou-se a idéia do aspecto personalíssimo e intransferível da obrigação romana, permitindo-se a transferência das obrigações e, com a socialização do Direito privado, muitos institutos clássicos foram modificados e, hoje, surgem sob novas roupagens".[11]

1.5 Unificação do direito obrigacional

Ora, se o Direito das Obrigações é um ramo do Direito Civil susceptível de modificação e aperfeiçoamento, também devemos observar que estamos falando da parte do Direito que menos diferenças apresenta entre os sistemas ou ordenamentos jurídicos históricos e hodiernos. Eis que, por terem sido consideradas semelhantes seus conceitos, princípios e regras, a doutrina internacional atribui a essa área do direito um caráter universal. Tratamos aqui do aspecto fundamental que estimulou a unificação internacional do direito.

De fato, o caráter universal do Direito das Obrigações se constata na possibilidade de uso e aplicação diversa de seus conceitos, definições e princípios, visto que tais recursos não servem unicamente para significar o regime atual das obrigações, mas também para abranger todas as sucessivas situações de direito que surgem com razão das transformações da vida política e socioeconômica. Observe-se que em todo e qualquer regime jurídico nos depararmos com um sistema similar de regras e de conceitos obrigacionais, a saber: credor, devedor, prestação, obrigação, responsabilidade etc.

Desta forma, podemos concluir que, no campo internacional, a matéria aqui tratada é terreno favorável à unificação. Após a Primeira Guerra Mundial, por exemplo, elaborou-se um projeto de Código de Obrigações comum para a França e para a Itália. O projeto foi apresentado em 1928, mantendo-se fiel à tradição jurídica comum dos dois países. Não foi, no entanto, adotado por qualquer dessas nações, embora muitas de suas disposições tenham sido adotadas pelo Código Civil italiano, revisto em 1942. Não há dúvida, contudo, de que a unificação internacional do Direito obrigacional se mostrará útil para servir à segurança do comércio que hoje cada vez mais se internacionaliza, surgindo, daí, a necessidade de princípios uniformes. A criação de organismos supranacionais, como a comunidade européia, por exemplo, faz surgir diretivas a serem aplicadas por todos os Estados-membros, numa preparação de um futuro código civil internacional.[12]

---

[11] Ibidem.
[12] Ibid., p. 32-33.

Em suma, o Direito das Obrigações pode ser considerado "centro irradiador de normas do Direito Privado a respeito de matéria negocial e estendendo-se, assim, dentre outros campos, ao Direito Civil, ao Direito Comercial e ao Direito de Autor"[13]. Ele se estende a todos os ramos do Direito, sendo considerado o regime obrigacional o núcleo central de toda a vida jurídica, ao qual as instituições jurídicas agradecem sua existência, isto é, a base de todo o sistema jurídico.

É assim que todo e qualquer ramo do Direito quer público quer privado se situa na base de um regime particular de obrigações. Ora, fica por conta desses ramos a regulamentação específica e independente das obrigações que regulam: tributárias, trabalhistas, consumeristas etc. Por ora, nos interessa a análise particular das obrigações civis patrimoniais e, mais especificamente, as contratuais, assunto que será objeto de estudo em futuros trabalho a serem publicados neste ou noutros veículos de divulgação.

O Código Civil de 2002 não apresenta definição de obrigação, diferenciando-se assim de outros conhecidos Códigos. Mas, a matéria que nos interessa é tratada no Livro I da Parte Especial do Código Civil onde, a partir do artigo 233 se nos apresenta um excelente regime que, aqui, consideramos a base ou o modelo de todos os demais regimes jurídicos. Consideramos, ainda, não menos importante o regime jurídico estabelecido para regular as várias espécies de contratos, parte especial constatada nos artigos 481 a 886 do Código Civil de 2002 e o regime das obrigações extracontratuais conferido nos artigos 887 a 954 do próprio código.

Não havendo razão ontológica para diferenciação no direito ora tratado entre obrigações civis e obrigações comerciais, o atual Código Civil revogou expressamente a parte primeira do Código Comercial (art. 2.046). Assim, predominou a tendência a unificar ambos os direitos, visto que tanto no Direito Civil, como no Direito comercial, a estrutura básica é a mesma, a que nos chegou do Direito Romano.[14]

Observando a estrutura do Código Civil de 2002, constatamos que o regime das obrigações abrange a seguinte ordem e disposição.

Eis os aspectos que, de forma separada, as doutrinas nacional e estrangeira abordam, tecendo teorias: conceitos, denominações, definições etc.

---

[13] BITTAR, Carlos Alberto. *Direito das Obrigações*. Rio de Janeiro: Forense, 1990, p. 3.

[14] VENOSA, Sílvio de Salvo. *Direito civil: teoria geral das obrigações e teoria geral dos* contratos. 4. ed. São Paulo: Atlas, 2004, p. 32.

Capítulo 2
A Obrigação como Conceito Jurídico

O vocábulo "obrigação" pode ser visto como um conceito jurídico básico por meio do qual podemos indicar o vínculo que liga a várias pessoas. Diz-se de um termo ou categoria que é comumente usada para representar as relações (vínculos ou nexos) que, estabelecidas entre sujeitos, podem comportar vários sentidos, a saber: moral, econômico, jurídico etc.

De acordo com importantes historiadores, no Direito Romano não se conhecia a expressão *obrigação*, mas o seu equivalente histórico teria sido a figura do *nexum*, espécie de empréstimo, que significaria ligar, prender, unir, atar e que conferia ao credor o poder de exigir do devedor o cumprimento de determinada prestação, sob pena de responder com seu próprio corpo, podendo ser reduzido, inclusive, à condição de escravo, o que se realizava por meio de *actio per manus iniectionem* (ação pela qual o credor podia vender o devedor como escravo, além do Rio Tibre).[15]

Eis uma concepção histórica (primitiva) que nos permite fazer derivar uma interessante significação etimológica, a saber:

"*Obligatio*" = "*ob*" + "*ligatio*"
a) "*ob*", significando "diante", "por causa de", "em torno de";
b) "*ligatio*", significando "prender", "ligar", "atar", "unir".

Trata-se da concepção por meio da qual se procurou justificar o vínculo entre pessoas. Seria, pois, um esquema representativo e técnico do nexo existente entre um sujeito ativo (credor ou credores) e um sujeito passivo (devedor ou devedores). Todavia tal concepção referia-se ao "vínculo jurídico pelo qual somos forçados a pagar alguma coisa, de acordo com as normas de nosso estado"[16] ou ao "vínculo de direito pelo qual somos constrangidos a pagar uma coisa a alguém, segundo os direitos de nosso estado".[17]

---

[15] GAGLIANO, Pablo Stolze; PAMPLONA FILHO, Rodolfo. *Novo curso de direito civil*. São Paulo: Saraiva, 2005, p. 2-3.

[16] RAMOS Arias, J. *Derecho Romano*. Vol. 3. Selección de textos latinos. Revista de Derecho Privado. Madrid,

2.1 A Obrigação como Conceito Jurídico Básico

A definição anterior, ensina Venosa[18], seria absolutamente clássica, brilhantemente, concisa e elegante, que pode perfeitamente ser constatada nas Institutas de Justiniano: (Liv. 3º, Tít. XIII) (a obrigação é um vínculo jurídico que nos obriga a pagar alguma coisa, ou seja, a fazer ou deixar de fazer alguma coisa), mas que se presta a todo tipo de obrigação jurídica e não apenas no sentido restrito do Direito das Obrigações.

Tratava-se, pois, de um vínculo que recaia na pessoa do devedor, impondo-se restrições à liberdade e à vida, nos casos de não ser verificado o cumprimento. A concepção jurídica acerca do termo, no entanto, se humanizaria quando, por meio da *Lei Papiria Poetelia* do século IV a. C., se suprimiu a execução das obrigações sobre a pessoa do devedor, priorizando-se para tal fim o patrimônio do devedor.

O Direito histórico nos reservou, ainda, uma ampla gama de definições do termo "obrigação". Manuel Martínez Escobar[19], por exemplo, ensinaria que a obrigação, na ordem civil, vem a ser a responsabilidade exigível que pesa sobre uns em favor de outros. Daí que cada obrigação levaria aparelhado um direito e, portanto, cada direito contém uma ação para compelir o infrator ao cumprimento daquela.

Assim, como foi constatado nas diversas definições históricas, para alguns autores a *obrigação* seria uma relação jurídica em virtude da qual uma pessoa deve desempenhar ou não, certa atividade para satisfazer o interesse privado de outra e, caso de inadimplemento, o devedor poderia, mediante procedimento judicial adequado, obter reparação[20]. Para outros, a *obrigação* apresentaria uma situação bipolar: *devedor - credor*, estando o segundo, titular de um direito subjetivo (direito de crédito), facultado para exigir do primeiro a execução de uma prestação devida.[21]

1943, p. 119.

[17] RODRIGUEZ, Dirceu A. Victor. *Dicionário de brocardos jurídicos*. 10. ed. São Paulo: Ateniense, 1994, p. 203. [*obligatio est iuris vinculum quo necessitate adstringimur alicuius solvendae rei secundum nostrae civitatis iura*].

[18] VENOSA, Sílvio de Salvo. *Direito civil: teoria geral das obrigações e teoria geral dos* contratos. 4. ed. São Paulo: Atlas, 2004, p. 24.

[19] MARTÍNEZ Escobar, Manuel. *Obligaciones y Contratos*. La Habana, 1938, p. 1.

[20] DIAZ Pairó, Antonio. *Teoría General de las Obligaciones*. Vol I. La Habana, 1960, p. 23.

[21] DÍEZ-PICAZO, Luiz y Antonio Gullón. *Instituciones del Derecho Civil*. Madrid: Tecnos. S.A Vol. 1, 1995, p. 469.

Modernamente se observa uma extensa e interminável lista de definições do conceito que nos ocupa, razão pela qual nos vemos compelidos a privilegiar as mais significativas e acessíveis.

Para Washington de Barros Monteiro[22], por exemplo:

> a obrigação é a relação jurídica, de caráter transitório, estabelecida entre devedor e credor e cujo objeto consiste numa prestação pessoal econômica, positiva ou negativa, devida pelo primeiro ao segundo, garantindo-lhe o adimplemento através de seu patrimônio.

De acordo com Clóvis Beviláqua[23],

> a obrigação é a relação transitória de direito, que nos constrange a dar, fazer ou não fazer alguma coisa, em regra economicamente apreciável, em proveito de alguém que, por ato nosso ou de alguém conosco juridicamente relacionado, ou em virtude de lei adquiriu o direito de exigir de nós essa ação ou omissão.

Silvio Rodrigues considera ser a obrigação "um vínculo de direito pelo qual alguém (sujeito passivo) se propõe a dar, fazer ou não fazer qualquer coisa (objeto), em favor de outrem (sujeito ativo)".[24]

Na opinião de Caio Mário da Silva Pereira[25], na relação obrigacional "uma pessoa denominada sujeito passivo ou devedor está adstrita a uma prestação positiva ou negativa em favor de outra pessoa que se diz sujeito ativo ou credor, a qual adquire a faculdade de exigir o seu cumprimento".

Todavia, ensina Venosa[26], podemos conceituar obrigação "como uma relação transitória de cunho pecuniário, unindo duas (ou mais) pessoas, devendo uma (o devedor) realizar uma prestação à outra (o credor)". Para o citado autor a responsabilidade que aflora no descumprimento, materializando-se no patrimônio do devedor, quer-nos parecer que não integra o âmago do conceito do instituto, embora seja fator de vital importância.

Observe-se também que, na tentativa de definir a obrigação, de forma geral, os doutrinadores salientam o caráter transitório da relação pessoal credor-devedor, toda vez que

---

[22] MONTEIRO, Washington de Barros. *Curso de Direito Civil* - vol. 4 - Direito das Obrigações. 1ª parte. 26. ed. São Paulo: Saraiva, 1993, p. 8.

[23] BEVILÁQUA, Clóvis. *Código Civil dos Estados Unidos do Brasil Comentado.* Rio de Janeiro: Francisco Alves, 1934 - vol. 4.

[24] RODRIGUES, Silvio. *Direito Civil: parte Geral das Obrigações* - vol. 2. 25. ed. São Paulo: Saraiva, p. 4.

[25] SILVA Pereira, Caio Mário da. *Instituições de Direito Civil* - volume II – 15. ed. Rio de Janeiro: Forense, p. 3.

[26] VENOSA, Sílvio de Salvo. *Direito civil: teoria geral das obrigações e teoria geral dos* contratos. 4. ed. São Paulo: Atlas, 2004, p. 25.

tal relação "nasce com a finalidade ínsita de extinguir-se"[27]. Veja-se igualmente que o conceito da obrigação se nos apresenta como correlato ao conceito de direito.

Em suma, podemos deduzir que onde há um direito ou faculdade há também uma obrigação, como conceito contrário que designa um dado comportamento: dar, fazer ou deixar de fazer alguma coisa.

2.2 Obrigação Jurídica *versus* Obrigação não Jurídica

Conforme já vimos, na sua mais larga acepção, o vocábulo obrigação exprime qualquer espécie de vínculo ou de sujeição de pessoa, seja no campo religioso, moral ou jurídico. Em todos eles, o conceito de obrigação é, na essência, o mesmo: a submissão a uma regra de conduta, cuja autoridade é reconhecida ou forçosamente se impõe. É nesse sentido que nos referimos a obrigações religiosas, morais, sócias etc.[28]

Ora, existem diferenças notáveis entre as obrigações jurídicas e as obrigações não jurídicas. Admitamos, pois, que nem toda relação social engendra consequências jurídicas e, portanto, nem todo dever é regido pelo Direito. Daí, sugerimos não confundir a obrigação jurídica com os deveres sociais, morais e religiosos.

Certamente, uma obrigação jurídica pode parecer ser também um dever social (ético-moral etc.), porém, nem todo dever social é jurídico. As obrigações morais, religiosas e de cortesia, por exemplo, têm efeitos distintos aos jurídicos. Tais deveres ou obrigações podem chegar a ser impostas pela moral, pelos usos ou costumes, isto é, pela forma de convivência, pela honra ou pelas crenças. Já, as obrigações jurídicas, como será explicado em próximos temas, derivam, entre outras fontes, dos atos (lícitos ou ilícitos) e, mais especificamente, dos contratos e demais negócios jurídicos.

Todavia, a obrigação pode constituir um dever jurídico, mas não é o único tipo de dever jurídico, existindo outros que na linguagem comum e legal também recebem o nome de obrigações. Contudo, para uma melhor compreensão e aplicação das normas e princípios relativos ao assunto, se faz necessário distinguir alguns deveres de outros, diferenciando a obrigação, no sentido técnico-jurídico exato dos outros deveres e obrigações, e ao mesmo tempo, caracterizar os deveres que não estão dentro da esfera jurídica.[29]

---

[27] Ibidem., p. 25.
[28] GONÇALVES, Carlos Roberto. *Direito civil brasileiro*. Volume 2: teoria geral das obrigações. São Paulo: Saraiva, 2004, p. 1.
[29] DÍAZ Pairó, Antonio. *Teoría General de las Obligaciones*. Op. cit., p 34.

Em verdade, as obrigações jurídicas diferem das não jurídicas, tanto pelo seu caráter imperativo quanto pelo sentido coercitivo e forçoso de seu efeito. Tais características, como também estudaremos em próximos temas, possibilitam que juridicamente exista razão para a indenização, consequência de possíveis danos e prejuízos causados. Tal é o caráter da obrigação constatado no Digesto.[30]

Procurando distinguir as obrigações jurídicas dos demais deveres sociais Díaz Pairó[31] ensinaria que não é decisivo o critério da patrimonialidade, pois, de acordo com o citado autor, nem sempre um dever tem conteúdo patrimonial. Daí, considera ser necessário analisar se um "dever" pode ser considerado "obrigação", porém, a partir de outros critérios. Desta forma, o nosso autor propõe discutir se do convite para um jantar, por exemplo, podem derivar obrigações jurídicas, considerando que tal ato pode envolver um conteúdo pecuniário. Logo, vale discutir se a obrigação derivada do exemplo anterior deve ser considerada um mero dever de amizade ou de cortesia. Todavia, podem existir atos jurídicos: negócios, contrato de escasso valor ou interesse econômico, até o ponto de não precisar de formalização, mas nem por isso tais atos deixam de ser considerados fontes de obrigações jurídicas.

Por sua vez Daniel Peral Collado também consideraria que, ainda, entre as obrigações jurídicas, é necessário distinguir aquelas que derivam de uma ordem geral jurídica prefixada e aquelas que derivam de um fato particular em concreto. As primeiras seriam as consequentes dos preceitos legais, como por exemplo, as que derivam das Leis e de outros Documentos Normativos, de Convenções e Tratados Internacionais. As segundas, são as, geralmente, chamadas de obrigações voluntárias, patrimoniais ou contratuais"[32], isto é, as que derivam dos atos jurídicos lícitos ou ilícitos.

2.3 Obrigação Natural *versus* Obrigação Jurídica

---

[30] RAMOS Arias. Op. cit., p 119. "*Obligationum substantia non in eo consist, ut aliquod corpus nostrum aut servitutem nostram faciat, sed ut alium nobis obstingat ad dandum aliquid vel faciendum vel praestandum*". [A substância das obrigações não consiste em que se faça nossa uma coisa corporal ou uma servidão, mas, em que se force a outro dar-nos, fazer-nos, emprestar-nos alguma coisa].

[31] DÍAZ Pairó, Antonio. *Teoría General de las Obligaciones*. Op. cit., p 37.

[32] PERAL Collado, Daniel. *Obligaciones y Contratos Civiles*. MES. La Habana, 1980, p 132.

Também do Direito Romano herdamos uma denominação intermediária (obrigação natural) por meio da qual se procurava distinguir a obrigação jurídica das não jurídicas. De acordo com Venosa, tratava-se de obrigações incompletas que "apresentam como características essenciais as particularidades de não serem judicialmente exigíveis, mas, se forem compridas espontaneamente, será tido por válido o pagamento, que não poderá ser repetido (há a retenção do pagamento, *soluti retentio*)".[33]

Propunha-se, assim, a obrigação natural, para a qual não se reconheceria caráter jurídico por ter esta espécie de obrigação uma eficácia menor do que as chamadas obrigações civis. Em efeito, nas obrigações naturais não existia a "ação". Contudo, contrapunha-se a obrigação natural à civil pela falta deste importante elemento: "a ação". Logo, outorgou-se às obrigações morais iguais efeitos, também por faltar a idéia do vínculo jurídico, passando-se apenas a considerar, como aspecto importante, a satisfação pessoal (ou moral).[34]

Como exemplos de obrigações naturais romanas consideram-se os seguintes casos:

1. a obrigação assumida por escravo quer com terceiros quer com outro escravo, caso em que a ação era negada pela incapacidade do escravo;
2. a obrigação assumida por pessoa dependente do pátrio poder (*alieni júris*);
3. a obrigação extinta (ex. por prescrição) etc.

Já no direito moderno as figuras típicas de obrigação natural são as derivadas dos jogos não proibidos por lei, das apostas e dos juros não estabelecido nas dívidas de mútuo. Outros casos são considerados duvidosos, por exemplo, o caso das dívidas prescritas. Para alguns doutrinadores a prescrição extingue a ação e não as relações obrigacionais, outros consideram que a prescrição da ação implica a prescrição integral da dívida. Todavia, citam-se os casos da obrigação nula por defeito de forma e a situação dos parentes não obrigados pela lei a prestar alimentos a parentes necessitados.[35]

Hodiernamente parece existir um consenso acerca dos modernos casos de obrigações naturais. Venosa, por exemplo, nos informa que tais obrigações se mostram mas clara nas dívidas de jogo ou aposta, nas quais o legislador eleva-as à categoria de contrato (arts. 814 a 817 de Código Civil de 2002), mas impõe-lhes o estado de obrigações naturais. Assim, nos

---

[33] VENOSA, Sílvio de Salvo. *Direito civil: teoria geral das obrigações e teoria geral dos* contratos. 4. ed. São Paulo: Atlas, 2004, p. 47.
[34] RUGGIERO, R. *Instituciones del Derecho Civil*. [s.e.] Madrid, 1929, p 19.
[35] Ibid., p 19.

ensina o citado autor que o atual Código substitui a terminologia *obrigação natural* por "*obrigações juridicamente inexigível*" (art. 882).[36]

[36] VENOSA, Sílvio de Salvo. *Direito civil: teoria geral das obrigações e teoria geral dos* contratos. 4. ed. São Paulo: Atlas, 2004, p. 48.

Capítulo 3
Estrutura da Relação Jurídica Obrigacional

Por meio da estrutura ("construção jurídica") pretendemos caracterizar a composição da relação jurídica obrigacional, indicando, desta forma, os elementos fundamentais (ou necessários) que, presentes em toda obrigação jurídica, a compõem. É uma compreensão que, em todo caso, nos permite identificar como os elementos constitutivos da relação obrigacional se articulam entre si e, finalmente, "como funciona todo o sistema obrigacional"[37], visando caracterizar as pretensões: direitos e deveres exigidos pelos sujeitos ou partes, a fim de invocar os princípios, as regras (fundamentos) e elaborar argumentos para a reclamação de tais direitos.

3.1 Elementos da relação jurídica obrigacional

A relação jurídica obrigacional decompõe-se, fundamentalmente, em três elementos, a saber: *sujeito*, *objeto* e *vínculo* jurídico[38]. Tal é a estrutura clássica onde comumente se realça o *vínculo* entre *sujeitos*, manifesto em torno de um *objeto* e com vistas a um *conteúdo* (prestação: dar, fazer ou não fazer).

A estrutura da relação jurídica obrigacional tem sido a base de diversas classificações. Para os autores Pablo Stolze e Rodolfo Pamplona[39], por exemplo, a relação obrigacional é composta por três elementos fundamentais, a saber: a) subjetivo ou pessoal (sujeito ativo: credor e sujeito passivo: devedor); b) objetivo ou material (a prestação); c) ideal, imaterial ou espiritual (o vínculo jurídico). Outras tantas classificações poderiam ser citadas, contudo, aqui privilegiamos uma enunciação simples visando possibilitar a melhor compreensão dos tipos ou modalidades a serem estudados em futuros temas.

De tal forma, nas diversas definições, a obrigação jurídica é uma relação de direito estabelecida entre *sujeitos* (credor e devedor), em torno de um *objeto* (finalidades: ações ou

[37] VENOSA, Sílvio de Salvo. *Direito civil: teoria geral das obrigações e teoria geral dos* contratos. 4. ed. São Paulo: Atlas, 2004, p. 36.
[38] Ibid., p. 35.
[39] GAGLIANO, Pablo Stolze. *Novo curso de direito civil.* São Paulo: Saraiva, 2005, p. 18.

abstenções) representativo da satisfação de interesses e que cujo *vínculo* geralmente se identifica com o conteúdo ideal e material da obrigação (débito e responsabilidade) ou com os direitos subjetivos das partes.

Pois bem, vejamos tais elementos de uma forma mais detalhada:

A) Sujeitos.

A relação obrigacional é sempre uma relação entre pessoas. Uma delas se coloca na posição de dever e outra na posição de poder, daí que também se denominem partes (ativa e passiva)[40]. Assim sendo, quando falamos de sujeitos quer pessoa natural quer jurídica, indicamos as partes que intervêm na relação jurídica obrigacional que, de acordo com as posições que ocupam e os direitos e deveres que postulam, alcançam a denominação de sujeito ativo ou passivo. Tais são: "o sujeito ativo, o credor, que pode exigir do devedor, sujeito passivo, o objeto da prestação jurídica".[41]

Como observa Venosa[42], o sujeito ativo (o credor), tem uma *pretensão* com relação ao devedor. De acordo com o autor, na obrigação, não existe um poder imediato sobre a coisa. Preliminarmente, o interesse do credor é que o devedor (sujeito passivo) satisfaça voluntária ou coativamente, a prestação. A sujeição do patrimônio do devedor só vai aparecer em uma segunda fase, na execução coativa, com a intervenção do poder do Estado.

Pois bem, dos sujeitos legalmente se exige capacidade jurídica e, na falta dela, a necessidade de complementação por meio de representantes legais (pais, tutores, curadores) ou voluntários (mandatários). Trata-se, pois, da capacidade para ser titular de direitos ou faculdades para exigir ou cumprimento das obrigações, estando amparado por alguma norma jurídica. Assim, "pode o credor exigir o cumprimento da obrigação (art. 331 do Código Civil de 2002) ou a execução, que é sua realização coativa. Pode também dispor de seu crédito, remitindo a dívida no todo ou em parte (art. 385 do Código Civil de 2002). Pode igualmente dispor de seu direito de crédito por meio da cessão (art. 286 do Código Civil de 2002)".[43]

Por outro lado, uma relação jurídica pode, perfeitamente, estar constituída de vários sujeitos ativos, ou de vários sujeitos passivos (vários credores e/ou vários devedores em um

---

[40] VALPUESTA Fernández, Ma R. y otros. *Derecho de Obligaciones y Contratos*. 2. ed. Valencia: Tirant lo Blanch, España. 1995, p 71.

[41] VILLAÇA Azevedo, Alvaro. *Teoria Geral das Obrigações*. 5. ed. São Paulo: Revista dos Tribunais, p. 34.

[42] VENOSA, Sílvio de Salvo. *Direito civil: teoria geral das obrigações e teoria geral dos* contratos. 4. ed. São Paulo: Atlas, 2004, p. 35.

[43] Ibid., 2004, p. 36.

ou outro lado da relação jurídica). Faz-se notar assim, "a existência de relações jurídicas complexas, nas quais cada parte é, simultaneamente, credora e devedora uma da outra. É o caso da obrigação decorrente do contrato de compra e venda: o vendedor é credor e devedor da coisa; ao passo que o comprador é credor da coisa e devedor do preço"[44]. Todavia, a quantidade de sujeitos em um ou em ambos os pólos da relação jurídica estabelecida, como estudaremos em próximos temas, determina um critério de classificação das obrigações, segundo a uni ou a pluripersonalidade da referida relação.

Observe-se, igualmente, que os sujeitos da obrigação devem ser determináveis, embora possam não ser, no nascedouro da obrigação, determinados. Não é necessário que desde a origem da obrigação haja individuação precisa do credor e do devedor. De qualquer modo, a indeterminação do sujeito na obrigação deve ser transitória, porque no momento do cumprimento os sujeitos devem ser conhecidos. Se a indeterminação perdurar no momento da efetivação da prestação, a lei faculta ao devedor um meio liberatório que é a consignação em pagamento. Deposita-se o objeto da prestação em juízo, para que o juiz decida quem terá o direito de levantá-la. Pode ocorrer indeterminação do credor quando houver ofertas ao público, ou a número mais ou menos amplo de pessoas, como é o da promessa de recompensa (arts. 854 do Código Civil de 2002). Nesse caso, o devedor é certo, mas o credor indeterminado no nascimento da obrigação, embora obrigação exista desde logo. Quem preencher os requisitos da promessa se intitulará, a princípio, credor. É importante também lembrar que a fusão numa só pessoa das qualidades de credor e devedor ocasiona a extinção da obrigação, fenômeno que se denomina confusão (art. 381 do Código Civil de 2002).[45]

Situa-se, igualmente, como exemplo de indeterminação subjetiva na relação obrigacional a situação derivada do cheque ao portador assinado pelo devedor, não sabendo quem irá recebê-lo no banco, pois a cambial pode circular na praça, restando, momentaneamente, indeterminado o sujeito ativo, credor do valor nele consignado[46]. De acordo com os citados autores Gagliano[47] e Pamplona também poderá ocorrer a indeterminabilidade *subjetiva passiva* da relação obrigacional. Neste caso, não se pode, de antemão, especificar que é o devedor da obrigação. É o que acontece com as obrigações *propter rem*, prestações de natureza pessoal que acedem a um direito real. Por exemplo: a taxa condominal ou o Imposto Predial Territorial Urbano são prestações compulsórias, vinculadas

---

[44] GAGLIANO, Pablo Stolze. *Novo curso de direito civil.* Op. cit., p. 18.
[45] VENOSA, Sílvio de Salvo. *Direito civil: teoria geral das obrigações e teoria geral dos* contratos. Op. cit., p. 36-37.
[46] VILLAÇA Azevedo, Álvaro. *Teoria Geral das Obrigações.* 8. ed. São Paulo: Rt, 2000, p. 34, *apud*, GAGLIANO, Pablo Stolze. *Novo curso de direito civil.* São Paulo: Saraiva, 2005, p. 18.
[47] GAGLIANO, Pablo Stolze. *Novo curso de direito civil.* Op. cit., p. 19.

à propriedade do imóvel residencial ou comercial, pouco importando quem seja, efetivamente, o seu titular. A obrigação, portanto, não possui sujeito determinado, sendo certo apenas que a pessoa que adquirir o imóvel ficará sujeita ao seu cumprimento.

Carlos Roberto Gonçalves[48] também menciona como o exemplo a situação derivada do contrato de doação, quando o donatário pode não ser desde logo determinado, mas deverá ser determinável no momento de seu cumprimento (quando se oferece, p. ex., um troféu ao vencedor de um concurso ou ao melhor aluno de uma classe etc.)

B) Objeto.

Diz-se do elemento objetivo, visto muitas vezes como a *prestação* que é considerada como cerne da relação obrigacional e que se nos apresenta em dois tipos, a saber: a) objeto direto ou imediato; b) objeto indireto ou mediato.

O objeto da relação jurídica obrigacional é muitas vezes identificado com a *prestação* ou *atividade* ou *conduta* do devedor ou como "o fim ou a intenção das partes". É mesmo o fim ou a finalidade relaciona estreitamente com o *conteúdo da prestação* e que pode consistir em: dar, fazer ou não fazer o acordado (ex. a prestação de um serviço determinado) etc.

Para Carlos Roberto Gonçalves[49], por exemplo, o objeto da obrigação é sempre uma conduta ou ato humano: dar, fazer ou não fazer (*dare*, *facere*, *praestare*, dos romanos). E se chama prestação, que pode ser positiva (dar e fazer) ou negativa (não fazer), seria, pois, a prestação debitória.

Todavia, ensina Venosa, "importa não confundir a prestação, ou seja, a atividade do devedor em prol do credor, que se constitui no objeto imediato da obrigação. Em um contrato de mandato, por exemplo, o objeto imediato da prestação é a execução de serviços, atos ou atividades do mandatário em nome do mandante. Há, outrossim, também, um objeto mediato na prestação, que é nada mais nada menos que o objeto material ou imaterial sobre o qual incide a prestação. No contrato de mandato, no exemplo apresentado, o objeto mediato da prestação são os próprios serviços ou a própria atividade material desempenhada pelo mandatário, como a assinatura de uma escritura, a quitação dada etc. Destarte, quando se fala em objeto da prestação, está-se referindo ao objeto imediato; quando se fala em objeto da" obrigação, a referencia é ao objeto mediato".[50]

---

[48] GONÇALVES, Carlos Roberto. *Direito civil brasileiro*. Volume 2: teoria geral das obrigações. São Paulo: Saraiva, 2004, p. 23-24.
[49] GONÇALVES, Carlos Roberto. *Direito civil brasileiro*. Volume 2: teoria geral das obrigações. São Paulo: Saraiva, 2004, p. 25.

[50] VENOSA, Sílvio de Salvo. *Direito civil: teoria geral das obrigações e teoria geral dos contratos*. Op. cit., p.

Pode, portanto, ser objeto de obrigação qualquer atividade positiva ou negativa do devedor que consiste em dar, fazer ou não fazer algo[51], isto é, a prestação que envolve a transferência do uso, do domínio, da propriedade de um bem ou a prestação de um serviço determinado, juridicamente suscetível de valoração econômica.

Vamos a alguns exemplos:

Caso exemplo 1:

a) Objeto direto ou imediato: a *prestação* positiva ou negativa (ex. dar ou não dar);
b) Objeto indireto ou mediato: a coisa (certa ou incerta).

Caso exemplo 2:

a) Objeto direto ou imediato: a *prestação* positiva ou negativa (ex. fazer ou não fazer);
b) Objeto indireto ou mediato: a obra o serviço.

A prestação deve ser física e juridicamente possível (art. 166, II)[52], lícita e determinável. O objeto de uma obrigação se torna impossível quer por sua natureza ou pela impossibilidade de realização da prestação. A ilicitude do objeto engendra a declaração de ineficácia por nulidade absoluta do ato ou negócio jurídico que é fonte da obrigação.

Objeto lícito, explica Gonçalves[53], é o que não atenta contra a lei, a moral ou os bons costumes, coloca-se como exemplos o estabelecido no artigo 150 do Código Civil, que reprime o dolo ou torpeza bilateral, e no artigo 883, que nega direito à repetição do pagamento feito para obter fins ilícitos, imorais, ou proibido por lei. Por meio deles se impede que as pessoas participantes de um contrato imoral sejam ouvidas em juízo. Também a

35-36.

51 Ibid., p. 38.

52 Sendo a obrigação totalmente impossível, será nula. Quando for parcialmente impossível não se invalidará (art. 106).

53 GONÇALVES, Carlos Roberto. *Direito civil brasileiro*. Volume 2: teoria geral das obrigações. São Paulo: Saraiva, 2004, p. 26-27.

impossibilidade do objeto é razão para a nulidade do ato. Ela pode ser tanto física como jurídica. Impossibilidade física é a que emana de leis físicas ou naturais (ver artigo 106 do Código Civil). A jurídica ocorre quando o ordenamento jurídico proíbe, expressamente, negócios a respeito de determinado bem, como a herança de pessoa viva (CC, art. 426), o bem público (CC, artigo 100). Da mesma forma, se admite como exemplo de indeterminação do objeto a venda de coisa incerta, indicada ao menos pelo gênero e pela quantidade (CC, art. 243), que será determinada pela escolha, bem como a venda alternativa, cuja indeterminação cessa com a concentração (CC, art. 252).

C) Vínculo jurídico.

Como vínculo jurídico consideram-se os direitos e deveres que justificam a existência da relação como tal, e que representa a fundamentação da existência da relação. Para Carlos Alberto Bittar, por exemplo, "vínculo é o liame que une as partes em torno do objeto. Consiste, sob o aspecto passivo, ou sob o ângulo do devedor, no dever de prestar e, sob o do credor, no direito de exigir a prestação, dentro da ordem jurídica (obrigação propriamente dita)".[54]

É mesmo o liame da relação obrigacional que se biparte no *débito* e na *responsabilidade*, criando-se, dessa forma, uma relação de subordinação jurídica, devendo o devedor praticar ou deixar de praticar algo em favor do credor, existindo, em contrário, o poder atribuído ao credor de exigir a prestação. Caso não atenda ao dever de prestar, o devedor ficará sujeito às sanções atinentes à mora e ao inadimplemento (arts. 394 ss e arts. 402 ss do Código Civil de 2002).[55]

De acordo com Carlos Roberto Gonçalves[56], o vínculo jurídico nasce das diversas fontes das obrigações que aqui serão estudadas e que compõe de dois elementos: *débito* e *responsabilidade*. O primeiro é também chamado de vínculo *espiritual*, abstrato ou imaterial devido ao comportamento que a lei sugere ao devedor, como um dever ínsito em sua consciência, no sentido de satisfazer pontualmente a obrigação, honrando seus compromissos. Une o devedor ao credor, exigindo, pois, que aquele cumpra pontualmente a obrigação. O segundo, também denominado vínculo *material*, confere ao credor não satisfeito o direito de exigir judicialmente o cumprimento da obrigação, submetendo àquele os bens do devedor

---

[54] BITTAR, Carlos Alberto. *Direito das Obrigações*. Rio de Janeiro: Forense Universitária, 1990. p 12.
[55] VENOSA, Sílvio de Salvo. *Direito civil: teoria geral das obrigações e teoria geral dos* contratos. 4. ed. São Paulo: Atlas, 2004, p. 43.
[56] GONÇALVES, Carlos Roberto. *Direito civil brasileiro*. Volume 2: teoria geral das obrigações. São Paulo: Saraiva, 2004, p. 29.

(CPC, artigos 591 e seguintes: meios para o credor exigir judicialmente o cumprimento da obrigação, quando o devedor não a cumpre voluntariamente, conferindo-lhe o poder de executar o patrimônio do inadimplente).

Assim, aparece o vínculo obrigacional como um elemento fundamental (ou essencial) que liga os sujeitos em torno de um objeto, focalizando-se, desta forma, uma dualidade, a saber, sujeito ativo (credor) e passivo (devedor). Logo, poder-se-ia afirmar que por meio do vínculo jurídico se vislumbram os fundamentos que justificam a existência da obrigação, estabelecendo-se o reconhecimento legal que expressa a existência dos efeitos jurídicos.

Em suma, o vínculo jurídico assinala a relação entre o débito e a responsabilidade, os quais estão inseparavelmente unidos, pelo que não pode existir um sem o outro. O vínculo jurídico denota o entrelaçamento existente entre o credor, o objeto da obrigação e o devedor, que redunda na obrigatoriedade da prestação deste para aquele.

Capítulo 4

Fontes das Obrigações Jurídicas

Por meio do vocábulo *fonte* comumente indicam-se as causas originárias de um fenômeno. É uma palavra que pode-nos parecer ambígua devido à diversidade de significados a ela atribuídos, a saber[57]:

a) Nascente de água;

b) Bica de onde corre água potável para uso doméstico, etc.;

c) Depósito para onde corre;

d) Aquilo que origina ou produz; origem, causa;

e) Procedência, proveniência, origem;

f) Texto original de uma obra que fornece informação sobre determinado tema;

g) Cada um dos lados da cabeça que formam a região temporal;

h) Conjunto dos caracteres tipográficos de uma mesma família, que compõem uma caixa tipográfica ou uma matriz de máquina compositora;

i) Circuito capaz de fornecer energia elétrica, em condições controladas, a outro circuito;

j) Fonte de alimentação;

k) Qualquer pessoa, documento, organismo ou instituição que transmite informações ao repórter para elaboração de uma notícia; a procedência da notícia;

l) Documento original que serve de base a dado estudo etc.

Entretanto, a tal grupo de definições podemos acrescentar aquela que, do ponto de vista jurídico, indica a origem de uma relação ou situação de direito da qual derivam faculdades e deveres para as pessoas (ou sujeitos).

Alguns autores, por exemplo Pablo Stolze e Rodolfo Pamplona[58], consideram que as fontes (do Direito) são "os meios pelos quais se forma ou se estabelecem as normas jurídicas.

[57] FERREIRA, Aurélio Buarque de Holanda. Novo dicionário Aurélio da língua portuguesa. 3. ed. Curitiva: Positivo, 2004, p. 920.

Trata-se, em outras palavras, de instancias de manifestação normativa: a lei, o costume (fontes diretas), a analogia, a jurisprudência, os princípios gerais do direito, a doutrina e a equidade (fontes indiretas)".

Mas, ao abordarmos o tema, são precisamente as fontes das relações jurídicas obrigacionais (fontes das obrigações) as que mais nos interessam e, precisamente, as que a seguir, decidimos privilegiar.

4.1 Sistemática histórico-tradicional

A respeito do tema que nos ocupa, afirma Venosa que "a expressão *fontes* é vista sob o aspecto das diferentes maneiras de realização do Direito. Há um paralelismo no conceito ora estudado, quando se trata das fontes das obrigações. As obrigações derivam de certos atos, que dão margem à criação, ao surgimento das obrigações. Portanto, quando falamos de fontes das obrigações, estamos referindo-nos ao nascedouro, a todos os atos que fazem brotar obrigações. Assim, estudar as fontes significa investigar como elas nascem e formam-se, de onde surgem e por que determinada pessoa passa a ter o dever de efetuar determinada prestação para outra".[59]

Estudos históricos nos revelam um interessante tratamento legado pelo Direito Romano, sistemática que, na minha opinião, foi a base para uma posterior classificação das fontes tradicional e moderna das obrigações.

Trata-se, pois, de um trabalho de sistematização atribuído ao jurisconsulto GAIO, que seria desenvolvido posteriormente nas institutas de Justiniano, por meio do qual consideraram-se as seguintes causas eficientes das obrigações[60]:

a) Contrato. Convenções ou acordos entre as partes;

b) Quase-contrato. Situações de direito semelhantes aos contratos, atos humanos lícitos equiparáveis aos contratos (ex. a gestão de negócios);

c) Delito. Ato ilícito doloso causador de prejuízos.

d) Quase-delito. Ato ilícito culposo carregado de negligencia, imprudência ou imperícia, também causador de prejuízos.

---

58 GAGLIANO, Pablo Stolze. *Novo curso de direito civil.* São Paulo: Saraiva, 2005, p. 23-24.

59 VENOSA, Sílvio de Salvo. *Direito civil: teoria geral das obrigações e teoria geral dos* contratos. 4. ed. São Paulo: Atlas, 2004, p. 69.

60 GAGLIANO, Pablo Stolze. *Novo curso de direito civil.* São Paulo: Saraiva, 2005, p. 25.

De acordo com Venosa, os anteriores critérios de distinção das fontes podem perfeitamente ser resumidos com base na existência ou não existência da vontade[61]. Contudo, a vontade é, de fato, o elemento caracterizador do contrato e, em geral, do ato quer lícito quer ilícito que, sem consenso prévio, implica o surgimento de um quase-contrato, de um delito ou de um quase-delito.

Devido a sua precisão característica para a época, a anterior classificação foi adotada por algumas legislações (ex. Códigos Civis francês, espanhol, italiano etc.), acrescentando-se, ainda, a "lei" como outra fonte importante das obrigações (obrigações legais ou nascidas da lei). Assim, da mesma forma que as demais relações jurídicas, a obrigação jurídica poderia ter como fonte a lei e os atos jurídicos voluntários, sobre os quais se formulariam inúmeras classificações. Nasceria, assim, uma classificação clássica ou tradicional de fontes das obrigações, a saber:

a) Lei;

b) Contrato;

c) Quase-contrato;

d) Delitos;

e) Quase-delitos.

Com base numa leitura positivista, a doutrina da época consideraria que não pode existir obrigação jurídica sem lei. Assim sendo, deveria ser considerada a "lei" como a fonte principal (imediata ou direita) das obrigações. Mas, acentuou-se uma profunda discrepância ao respeito do assunto, por também se considerar o *fato jurídico* como a causa verdadeira das obrigações. Tal seria uma concepção realista que enfatizaria o *fato*, o *ato* e o *negócio* jurídicos como fontes originárias, posteriormente vistas como mediatas, das obrigações. Neste conflito teórico alguns autores considerariam que, ainda, as obrigações alimentares e as *propter rem* exigem que esteja configurada a *situação de fato*, que é, assim, *o fato condicionante* e, portanto, *a fonte*. A rigor, por conseguinte, não há obrigações *ex lege*.[62]

Variadas foram as posturas, construções doutrinárias e soluções legislativas a respeito do assunto. Destarte, procurou-se ver na *lei* a fonte primeira das obrigações. É o fato que toda obrigação deve ser chancelada pelo ordenamento jurídico, pela lei, em última análise. O Código Civil de 2002, por exemplo, mantendo a mesma orientação do Código de 1916,

---

[61] VENOSA, Sílvio de Salvo. *Direito civil: teoria geral das obrigações e teoria geral dos* contratos. 4. ed. São Paulo: Atlas, 2004, p. 70.

[62] VENOSA, Sílvio de Salvo. *Direito civil: teoria geral das obrigações e teoria geral dos* contratos. 4. ed. São Paulo: Atlas, 2004, p. 72.

menciona os contratos, os atos unilaterais e o ato ilícito, trazendo disposições expressas a respeito do enriquecimento sem causa (artigos 884 a 886) e do abuso de direito (187).[63]

Todavia, modernamente, fazem-se derivar das leis diversas obrigações a serem cumpridas forçosamente. São as chamadas obrigações legais (*ex lege*), por exemplo, a de prestar a alimentos a filhos e parentes necessitados (artigo 1.696 do Código Civil de 2002).

A Lei, ora considerada uma fonte (imediata) de obrigações, incluem-se as mais diversas hipóteses fáticas que originam, modificam ou extinguem direitos. Também os atos jurídicos voluntários lícitos, tais como, contratos, declarações unilaterais de vontade etc. que geram consequências jurídicas são comumente tipificados nas leis, isto é, nos diversos códigos civis, contemplando-se assim, como fonte, os atos jurídicos e, mais especificamente, os negócios jurídicos decorrentes da vontade humana não contrários à ordem jurídica.

O contrato como ato jurídico bilateral, por exemplo, envolve a manifestação de vontades divergentes, que, ao criar consentimentos, originam, modificam ou extinguem relações jurídicas. Ainda nesta ordem, poderiam ser consideradas as declarações unilaterais de vontade, como por exemplo, o testamento e os títulos ao portador. Observe-se a diferença fundamental entre uma e outra fonte: a primeira nos fala da unilateralidade (uma vontade unilateral), a segunda da bilateralidade (duas ou mais vontades); também nesta ordem de classificação surgem os demais atos jurídicos que não se podem enquadrar com exatidão nos casos anteriores, tomando-se como exemplo o casamento.

Os atos ilícitos, aqueles contrários ao ordenamento jurídico: voluntários (dolosos) ou involuntários (culposos) também geram obrigações (arts. 186 e 927). Pode, igualmente, surgir na esfera civil nas seguintes situações: enriquecimento sem causa, atividades que geram riscos, as consequências incidentais da inadimplência voluntária, como na esfera penal nos casos dos crimes dolosos e culposos.

Em suma, hodiernamente continua-se a afirmar que "sempre entre a lei e os seus efeitos obrigacionais (os direitos e obrigações decorrentes) existirá um *fato jurídico* (o contrato, o ato ilícito etc.), que *concretize o suposto normativo*"[64]. Estas reflexões sugerem desenvolver uma leitura fenomenológica do direito, com o intuito de caracterizar os *fatos* quer naturais quer humanos aos quais a "lei" atribui consequências apreciáveis.

4.1.1 Obrigações decorrentes do fato jurídico

[63] VENOSA, Sílvio de Salvo. *Direito civil: teoria geral das obrigações e teoria geral dos* contratos. 4. ed. São Paulo: Atlas, 2004, p. 71.

[64] GAGLIANO, Pablo Stolze. *Novo curso de direito civil.* São Paulo: Saraiva, 2005, p. 24.

É observando a importância do tema, que ora nos preocupamos com a demarcação do conteúdo fatual do direito, procurando assim analisar a relação existente entre a "lei" (comando, norma ou regra jurídica), suas "consequências" (fenômeno jurídico estático: ser pessoa, proprietário, devedor, credor, comprador etc.) e os "fatos" (fenômenos jurídicos *dinâmicos*: natural, humano, individual ou social).

Prossigamos, então, com a análise. Em toda ordem jurídica, certos fenômenos sócio-naturais *dinâmicos* (voluntários ou involuntários) se ligam aos determinados fenômenos *estáticos* (dadas consequências preestabelecidas pelo legislador), propomos aqui como definição de *fenômenos dinâmicos* toda espécie de fato jurídico que possa ser representada da seguinte forma:

a) *fato natural* (involuntário) capaz de gerar consequências jurídicas, por exemplo, nascimento, maioridade, morte, causas telúricas; ou

b) *fato humano* (voluntários), verdadeiro *ato jurídico* que têm como consequência a criação, modificação ou extinção de uma relação no direito. Tais atos são vistos como lícitos (p. ex: *contratos*, *testamentos*, *casamento* etc.) ou ilícitos tanto penais como civis (p. ex: crimes, contravenções etc.).

Considerem-se fenômeno *estático,* toda situação jurídica vinculada ao modo de estado de vida, isto é, que repercute no estado especial das pessoas ou das coisas, a saber, ser: a) cônjuge; b) parte contratante (vendedor ou comprador, depositante ou depositário, mandante ou mandatário, segurador, segurado, consumidor ou fornecedor etc.); c) proprietário ou possuidor; d) credor ou devedor; e) herdeiro; f) pessoa natural ou jurídica; g) maior de idade; f) ator, réu ou co-réu de crime ou delito (criminoso, culpado, responsável) etc.

Observe-se que no Direito Privado, com o objetivo de representar os vários fenômenos *dinâmicos* e *estáticos*, usam-se determinados conceitos ou categorias gerais que abrangem outros grupos de conceitos ou categorias específicas. Assim, por exemplo, dentro da categoria geral de *ato jurídico* inclui-se a de *negócio jurídico* e, dentro da categoria de *negócios jurídicos*, incluem-se as de contratos e *testamentos*.

Todavia alguns desses conceitos se incluem e excluem entre si. Assim, por exemplo, podemos afirmar que: "todo *ato jurídico* é um *fato jurídico*", "todo *negócio jurídico* é um *ato jurídico"*, "todo *negócio jurídico* é um *fato jurídico"*. Porém, "nem todo *ato jurídico* é um *negócio jurídico*" e "nem todo *negócio jurídico* é um *contrato*".

Na ordem penal também se observam conceitos representativos dos ilícitos, ora tipificados como crimes. Nessa ordem observamos, entre outros crimes, os seguintes: *furto, roubo, usurpação, dano, apropriação, estelionato, receptação, homicídio, rixa, calúnia, difamação, estupro, sedução, corrupção, rapto, bigamia, prevaricação* etc.

Então, de modo geral, no direito se trabalha com grupos de conceitos, termos ou categorias quer concretos quer abstratos que são representativos de uma qualidade ou de quantidades constatadas nas pessoas, nas coisas, nos fenômenos ou nas diversas situações sócio-naturais e econômicas protegidas (tuteladas) ou sancionadas juridicamente. Examinemos, agora, alguns exemplos:

Caso Exemplo 1: Do *nascimento* como um *fato natural.*

A - Fenômeno dinâmico: "*vir à luz, vir ao mundo com certas qualidades*".

B - Fenômeno estático: *"princípio da vida e da individualidade jurídica"*.

C - Elaboração de conceitos: *"nascimento", "personalidade", "vida", "concepção"* etc.

D - Contexto jurídico: "*A personalidade civil da pessoa começa do nascimento com vida; mas a lei põe a salvo, desde a concepção, os direitos do nascituro*" (Art. 2º do Código Civil de 2002).

Caso Exemplo 2: Da *compra e venda* como *ato jurídico* (*negócio jurídico*).

A - Fenômeno dinâmico: "*ato voluntário e bilateral que tem como finalidade a transferência de domínio dos bens em troca de certo preço*".

B - Fenômeno estático: *"ser comprador, vendedor, credor, devedor e finalmente proprietário dos bens e do dinheiro transferidos"*.

C - Elaboração de conceitos: *"compra", "venda", "contratante", "obrigação", "transferência", "domínio", "coisa", "preço", "dinheiro"*.

D - Contexto jurídico: "*Pelo contrato de compra e venda, um dos contratantes se obriga a transferir o domínio de certa coisa, e o outro a pagar-lhe certo preço em dinheiro*" (Art. 481 do Código Civil de 2002).

É claro que os conceitos mudam na medida em que outros fenômenos (atos, atos, negócios), qualidade, pessoas e coisas passam a ter importância para o direito, por passar a formar parte de seu objeto de regulação. Logo, durante a elaboração de regras jurídicas o legislador procura observar o aparente nexo lógico e fenomenológico constatados em determinadas dimensões do direito, privilegiando, assim, as consequências que interessam às pessoas, à sociedade ou ao Estado e elaborando o comando ou dispositivo que une o fenômeno dinâmico ao estático, objetos de regulamentação jurídica. Eis aí alguns exemplos:

1. "*Considera-se possuidor todo aquele que tem de fato o exercício, pleno ou não, de algum dos poderes inerentes à propriedade*" (Art. 1.196 do Código Civil de 2002).
a) Fenômeno estático: *existência de pessoa que tem de fato o exercício, pleno ou não, de algum dos poderes inerentes à propriedade.*
b) Objeto de regulamentação jurídica: *abstenção de atos contraditórios à posse.*
c) Consequência jurídica: *manutenção ou reposição da posse.*

2. "*Aquele que, por ação ou omissão voluntária, negligência ou imprudência, violar direito e causar dano a outrem, ainda que exclusivamente moral, comete ato ilícito*" (Art. 186 do Código Civil de 2002).
a) Fenômeno dinâmico: *a existência de danos causados, ainda que exclusivamente moral.*
b) Objeto de regulamentação jurídica: *evitar com diligência e responsabilidade que, por ação ou omissão voluntária, negligência ou imprudência, se violem direito e causem dano.*
c) Consequência jurídica: *reparação do dano, independentemente de culpa* (*v.g.* artigos 927).

3. "*Incorre na obrigação de indenizar perdas e danos o devedor que recusar a prestação a ele só imposta, ou só por ele exequível*" (Art. 247 do Código Civil de 2002).
a) Fenômeno dinâmico: *inadimplemento de uma obrigação personalíssima* (ex. de fazer).
b) Objeto de regulamentação jurídica: *garantir o cumprimento forçoso das obrigações de fazer.*
c) Consequência jurídica: *indenização de perdas e danos.*

Nesta avaliação devemos finalmente aceitar a idéia de que uma norma jurídica (ou regra jurídica) de modo algum significa outra coisa senão que a caracterização da *conduta* que deve ser observada (conduta humana devida). Assim, observaria Kelsen[65], não é o ser humano como tal, na totalidade de sua existência, e sim uma certa *conduta* humana à qual a norma se refere. A norma se dirige a uma pessoa quando fixa uma determinada conduta de uma pessoa ou de um determinado ou indeterminado número de seres humanos. Destinatário de norma é só uma expressão para saber, com toda certeza, que a conduta estatuída como devida na norma é uma conduta humana, a conduta de uma pessoa, sendo certo que o indivíduo pode aparecer tanto como sujeito quanto como objeto de uma conduta humana.

4.2 Classificação moderna das fontes das obrigações

Como visto, a classificação histórico-tradicional das fontes parece não ter sido, inteiramente, considerada adequada para o Direito Civil posterior e moderno. Daí que se tenha procurado por grupos de fontes alternativos e específicos, a saber: *fontes mediatas* e *fontes imediatas*.

Na obra da Diniz[66], por exemplo, se constata a seguinte sistematização das fontes das obrigações: a) *fonte mediata* (fato humano: contrato, declaração unilateral de vontade e ato ilícito); b) *fonte imediata* (a Lei).

Autores contemporâneos, todavia, consideram como fontes mediatas das obrigações da seguinte[67]:

a) os atos jurídicos negociais (ex. o contrato, o testamento, as declarações unilaterais de vontade);

b) os atos jurídicos não negociais (ex. o ato jurídico *stricto sensu*, os fatos materiais – como a situação fática de vizinhança etc.);

c) os atos ilícitos (no que se incluem o abuso de direito e o enriquecimento ilícito).

---

65 KELSEN Hans. *Teoria Geral das Normas*. (trad. José Florentino Duarte). Porto Alegre:Sérgio Antônio Fabris Editor, 1986, p. 12 e 115.

66 DINIZ, Maria Helena. *Curso de direito civil brasileiro:* teoria das obrigações contratuais e extracontratuais. Volume 3. 19. ed. ver., aum. E atual. de acordo com o novo Código Civil (Lei nn. 10.406, de 10-1-2002 e o Projeto de Lei n. 6.960/2002). São Paulo: Saraiva, 2003, p. 5.

67 GAGLIANO, Pablo Stolze. *Novo curso de direito civil*. São Paulo: Saraiva, 2005, p. 27.

Para ir mais longe, vejam-se os artigos 186 e 187 do Código Civil de 2002.

4.2.1 As fontes das obrigações no Código Civil de 2002

O Código Civil de 2002, de forma implícita, acolhe uma interessante variedade de fontes. Eis que da leitura e análise dos vários livros, títulos, capítulos e artigos que tratam sobre o assunto, podemos deduzir que o legislador brasileiro continua a considerar como fontes de direitos, em geral, e de obrigações jurídicas, em particular, as seguintes:

A) o *fato jurídico natural* ou *involuntário* (ex. nascimento, menoridade, a morte - artigo 2º a 10).

B) o *fato jurídico voluntário* ou *humano* (o *ato jurídico lícito*), a saber:

b1) a *declaração bilateral de vontade*. Ex.: o *negócio jurídico* (artigos 104 a 184), o *contrato* (artigos 421 a 853);

b2) a *declaração unilateral de vontade* ou *atos unilaterais*. Ex. o *testamento* (artigos 1.857 a 1.990), a *promessa de recompensa* (artigos 854 a 860), a *gestão de negócios* (artigos 861 a 875), o *pagamento indevido* (artigos 876 a 883), o *enriquecimento sem causa* (artigos 884 a 886);

b3) o *ato ilícito* (artigos 186 a 188).

Capítulo 5
Classificação das Obrigações

O presente tema é de extremo valor para o estudioso do direito. Admitamos, aqui que, do ponto de vista teórico e prático, a classificação das obrigações jurídicas é, de fato, relevante, pois de acordo com o tipo, modalidade ou espécie, decorrerão efeitos próprios, afetos tão-só a determinadas relações jurídicas.[68]

Pois bem, trataremos, do assunto não sem antes destacar que a primeira problemática a ser enfrentada neste estudo é a existência de uma extensa lista de modos ou grupos de classificação. Isto, porque, tanto a doutrina nacional como a estrangeira historicamente classificou, e ainda, classifica as obrigações de inúmeras formas.

Destarte, "várias são as modalidades ou espécies de obrigações. Elas podem ser classificadas em categorias, reguladas por normas específicas, segundo diferentes critérios. Essa classificação se mostra necessária, para enquadrá-las na categoria adequada, encontrando aí os preceitos que lhes são aplicáveis. Não há uniformidade de critérios entre os autores, variando a classificação conforme o enfoque e a metodologia empregada".[69]

A complexidade do tema estimula a abordagem histórico-tradicional do assunto, estudo que, penso, possibilitará uma melhor compreensão da concepção contemporânea das modalidades que, consideradas relevantes para a teoria e a prática do Direito Civil hodierno, foram reconhecidas pelo legislador pátrio e contempladas no Código Civil de 2002.

5.1 Classificação histórico-tradicional das obrigações

Devo, pois, antes de tudo, ratificar que foi o gênio romano quem mais contribuiu para o nascimento desta importante teoria das obrigações. De acordo com Alfredo Di Pietro e

---

[68] VENOSA, Sílvio de Salvo. *Direito civil: teoria geral das obrigações e teoria geral dos* contratos. 4. ed. São Paulo: Atlas, 2004, p. 76.

[69] GONÇALVES, Carlos Roberto. *Direito civil brasileiro*. Volume 2: teoria geral das obrigações. São Paulo: Saraiva, 2004, p. 37.

Ángel Enrique Lapieza, as contribuições romanas nesta área foram as que maior influencia exerceram no direito ocidental posterior.[70]

Em verdade, o Direito Romano nos legou uma interessante forma de classificar as obrigações, que tinha como base o *objeto* da relação mesma, sendo que para os romanos a prestação podia consistir num *dare*, *facere* ou *praestare*[71]. Tratava-se de uma classificação *objetiva*, porque considerava a qualidade da prestação: objeto imediato da obrigação[72]. Tal concepção primitiva serviria de base para a formulação posterior dos critérios de classificação tradicionalmente conhecidos.

No entanto, as codificações seguiram rumos diversos quanto à abrangência geral das obrigações. O legislador brasileiro, por exemplo, manteve-se fiel à técnica romana, dividindo-as, em função de seu objeto, em três grupos: obrigações de *dar*, que se subdividem em obrigações de *dar* coisa certa e coisa incerta, obrigações de *fazer* e obrigações de *não fazer*. O Código Civil de 2002 e o revogado, afastaram-se do direito romano apenas no tocante à terceira categoria, substituindo o *praestare*, dada a sua ambiguidade, pelo *non facere*.[73]

Fique claro que, em termos de ordenação legal "a técnica tradicional tem adotado a divisão tripartite pelo objeto moldada no regime romano, depois de globalmente considerada, na regulamentação, sob a divisão quanto à origem. Assim é que, de início, a exemplo da codificação francesa, que as toma pelo modo de constituição, as obrigações são distribuídas, as primeiras, em obrigações de dar, de fazer e de não fazer, a par de outras divisões, e submetida cada qual a regime próprio, em consonância com a respectiva natureza".[74]

5.2 Bases para uma classificação moderna das obrigações

Como já foi dito, o Direito posterior aceitou uma diversidade de formas de classificar as obrigações. No entanto, alguns Códigos modernos deixaram de lado a divisão tricotômica acima citada, pelo fato de, em muitos casos, aparecerem mescladas ou integradas no mesmo negócio jurídico.[75]

---

[70] PIETRO Alfredo di; LAPIEZA Elli, Ángel Enrique. *Manual de Derecho Romano*. 4. ed. Ediciones Depalma - Buenos Aires - 1995, p. 253.

[71] VENOSA, Sílvio de Salvo. *Direito civil: teoria geral das obrigações e teoria geral dos* contratos. 4. ed. São Paulo: Atlas, 2004, p. 76.

[72] GONÇALVES, Carlos Roberto. *Direito civil brasileiro*. Volume 2: teoria geral das obrigações. São Paulo: Saraiva, 2004, p. 37.

[73] GONÇALVES, Carlos Roberto. *Direito civil brasileiro*. Volume 2: teoria geral das obrigações. São Paulo: Saraiva, 2004, p. 37.

[74] BITTAR, Carlos Alberto. Op. cit., p 27.

[75] GONÇALVES, Carlos Roberto. *Direito civil brasileiro*. Volume 2: teoria geral das obrigações. São Paulo:

Em verdade, toda modalidade ou espécie de obrigação é modernamente formulada com base nos elementos constitutivos da relação jurídica, como visto: *sujeito*, *objeto* e *vínculo*, aspectos aos quais geralmente associam-se as diversas classificações e grupos. Examinemos agora como, considerando tais elementos, as obrigações se agrupam.

5.2.1 Classificação das obrigações quanto ao elemento subjetivo: sujeitos

Quanto aos sujeitos as obrigações são comumente classificadas da seguinte forma:

A) *Únicas*, obrigações que são também chamadas de *unipessoais*.

B) *Múltiplas*, obrigações constituídas de uma *pluralidade de devedores e credores* e, geralmente classificadas da seguinte maneira: *b1) fracionárias* [*mancomunadas*]; *b2) conjuntas; b3) disjuntivas; b4) solidárias.*

C) *Ambulatórias*, obrigações assim definidas pela indeterminação dos sujeitos.

5.2.1.1 Obrigações únicas

Únicas, são as obrigações que contemplam um só sujeito ativo (um só credor) em face de um só sujeito passivo (um só devedor). Vejamos os seguintes exemplos, a partir da concepção simplista de que *B* é devedor de *A*.

1- *O contratante "B" é obrigado a transferir o domínio de certa coisa ao contratante "A".*

2- *Se a coisa se perder por culpa de "B" (devedor), responderá este pelo equivalente, mais perdas e danos. (Artigo 247 do CC de 2002)*

3- *Se no contrato as obrigações couberem a apenas uma das partes, poderá ela pleitear que a sua prestação seja reduzida, (...). (Artigo 480 do CC de 2002)*

Estudo de Casos:

PODER JUDICIÁRIO

Saraiva, 2004, p. 38.

São Paulo

Processo nº 833/05

Segunda Vara da Comarca de Cruzeiro

Vistos.

*Trata-se de pedido de (...), formulado na ação de indenização por danos morais e materiais, movida por **A**, (...), contra **B**, (...), sob a alegação de o autor ter sido vítima de acidente de trânsito causado pela requerida, o que lhe causou prejuízos materiais, físicos e morais (...).*

Diante do exposto, nos termos do artigo 273 do C.P.C, defiro o pedido de (...) para determinar que a ré pague ao autor uma pensão mensal provisória equivalente a dois salários mínimos, quantia que deverá ser depositada na conta corrente mencionada no item 02 (...), todo o dia 15 (quinze) de cada mês, iniciando-se em setembro de 200?.

Cite-se a requerida, observadas as formalidades legais.

Cruzeiro, 0X de setembro de 200?.

xxxxxxxxxxxxx
Juiz de Direito

5.2.1.2 Obrigações múltiplas

Múltiplas, são aquelas obrigações onde existem mais de um credor, ou mais de um devedor, isto é, onde se convalida a presença de vários sujeitos ativos e/ou passivos em um ou ambos os pólos da relação jurídica obrigacional. Exemplos:

1- *A* é devedor de *B* e *C*;

2- *A* e *B* são devedores de *C*;

3- *A* e *B* são devedores de *C* e *D*.

Estudo de Casos:

1- *A* é obrigado a transferir o domínio de certa coisa a *B* e *C*.

2- *A* e *B* são obrigados a transferir o domínio de certa coisa a *C*.

3- *A* e *B* são obrigados a transferir o domínio de certa coisa a *C* e *D*.

As obrigações *múltiplas* podem ser consideradas *fracionárias*, *conjuntas*, *disjuntivas* ou *solidárias*. De acordo com Pablo Stolze e Rodolfo Pamplona[76], nas obrigações *fracionárias* concorre uma pluralidade de devedores ou credores, de forma que cada um deles responde apenas por parte da dívida ou tem direito apenas a uma proporcionalidade do crédito. São aquelas obrigações em que cada sujeito só responde, ou tem direito à respectiva quota-parte na prestação.

Para os citados autores, trata-se de uma tese pluralista não pacífica entre os doutrinadores que consideram que há unidade de obrigação e de prestação ou que pode não haver tal unidade na origem e fracionamento posterior. Como obrigações fracionárias situam-se as dívidas em dinheiro. Assim, se *A*, *B* e *C* adquiriram, conjuntamente, um bem, obrigando-se a pagar R$: 3.000,00 reais, não havendo estipulação contratual em sentido contrário, cada um deles responderá por R$:1.000,00 reais. Pressupõe-se aqui, por óbvio, a divisibilidade da prestação (objeto imediato: dar) e dos bens devidos (objeto mediato: dinheiro).

Nas obrigações *conjuntas* (ou unitárias) impõe-se aos vários sujeitos passivos o pagamento conjunto de toda a dívida, não se permitindo a exigência individual do pagamento da prestação.

As *disjuntivas* aparecem como sendo aquelas obrigações onde existem devedores que se obrigam alternativamente ao pagamento da dívida. Vale dizer, desde que um dos devedores seja escolhido para cumprir a obrigação, os outros estarão consequentemente exonerados, cabendo, portanto, ao credor a escolha do demandado.[77]

Estudo Casos:

1- "*A* (credor) tem direito a exigir e receber de *B* ou de *B* e *C* (devedores), parcial ou totalmente, a dívida comum; se o pagamento tiver sido parcial, todos os demais devedores continuam obrigados solidariamente pelo resto". (Artigo 275 do CC de 2002)

---

[76] GAGLIANO, Pablo Stolze; PAMPLONA FILHO, Rodolfo. *Novo curso de direito civil*. São Paulo: Saraiva, 2005, p. 71-72.
[77] GAGLIANO, Pablo Stolze; PAMPLONA FILHO, Rodolfo. *Novo curso de direito civil*. São Paulo: Saraiva, 2005, p. 74.

2- *"B*, devedor demandado, pode opor ao credor as exceções que lhe forem pessoais e as comuns a todos; não lhe aproveitando as exceções pessoais a outro co-devedor". (Artigo 281 do CC de 20002)

A *solidariedade* ativa "tem importância diminuta pois visa permitir a representação recíproca dos credores que é alcançada, com maiores garantias, pelo mandato que um credor pode outorgar a outro"[78]. Existe solidariedade quando, na obrigação cada credor tem direito a exigir a dívida toda (solidariedade ativa), ou cada devedor está obrigado ao pagamento da dívida por inteiro (solidariedade passiva). Ver artigos 259, 260, 264, 265, 267, 269, 270, 272, 274, 275, parágrafo único, 276, 277, 279, 281, 283, 932 e 942, parágrafo único, do Código Civil de 2002. Regulamentam-se, assim, as obrigações em que cada credor pode exigir a dívida por inteiro, enquanto cada devedor pode ser obrigado a efetuar o pagamento por inteiro. Note-se que, nas modalidades acima citadas a divisibilidade ou indivisibilidade recai nos sujeitos e não no objeto da obrigação.

5.2.1.3 Obrigações ambulatórias

Finalmente, as ambulatórias se definiram como aquelas obrigações que possuíam os sujeitos ativos ou passivos indeterminados, no momento da constituição da relação jurídica.

5.2.2 Classificação das obrigações quanto ao elemento objetivo: objeto

Quanto ao objeto as obrigações se agrupam da seguinte forma:

A) *Simples.*

B) *Compostas* ou *complexas: b1) cumulativas (ou conjuntivas)* ou; *b2) alternativa.*

C) *Genéricas* e *específicas.*

D) *Divisíveis* e *indivisíveis.*

E) *Instantâneas* e *periódicas.*

F) *Líquidas* e *ilíquidas.*

G) *Facultativas.*

---

[78] WALD, Arnoldo. *Obrigações e Contratos.* 12. ed. São Paulo: Revista dos Tribunais, Brasil. 1995, p. 64.

5.2.2.1 Obrigações simples e compostas

As obrigações são *simples* quando a prestação importa em um único ato ou numa só coisa, singular ou coletiva (art. 89 do Código Civil de 2002), isto é, obrigações em que na relação jurídica existe um só objeto exigido no conteúdo da prestação. As obrigações *compostas* serão aquelas cuja prestação comporta mais de um ato ou mais de uma coisa.[79]

As obrigações *compostas* são também chamadas de *complexa*, por existir uma multiplicidade de objetos. As obrigações *compostas*, com multiplicidade de objeto, por sua vez, podem ser *cumulativas*, também chamadas de *conjuntivas*, e *alternativas*. Nas conjuntivas, os objetos apresentam-se ligados pela conjunção "e", como a obrigação de entregar um veículo *e* um animal, ou seja, os dois, cumulativamente. Efetiva-se o seu cumprimento somente pela prestação de todos eles. Já, nas alternativas, os objetos estão ligados pela disjuntiva "ou", podendo haver duas ou mais opções. O devedor libera-se da obrigação entregando o veículo ou o anima, ou seja, apenas um deles e não ambos. Tal modalidade de obrigação exaure-se com a simples prestação de um dos objetos que a compõem.[80]

As obrigações *alternativas* são aquelas mediante as quais existe a possibilidade de cumprir e extinguir a obrigação elegendo um objeto entre vários. São as obrigações em que os credores podem reclamar um objeto entre vários, e, portanto, os devedores se vêem obrigados a cumprir um único objeto entre vários. De acordo com Bittar: "é aquela composta de prestações diferentes, liberando-se, no entanto, o devedor com o cumprimento de apenas uma e à sua escolha. Constitui, portanto, obrigação complexa (ou composta), em que a tônica reside na faculdade que tem o devedor, à vista da multiplicidade de prestações, de eleger a que pretende cumprir, definindo-se com a escolha, o objeto respectivo (*plures res sunt in obligatione, una autem in solutione*)".[81]

Como regra geral, nas obrigações alternativas, o direito de escolha cabe ao devedor, se o contrário não houver sido estipulado no título da obrigação. Nesse sentido, dispõe o artigo 252, *caput*, do Código Civil de 2002 que "*nas obrigações alternativas, a escolha cabe ao devedor, se outra coisa não se estipulou*"[82]. (Veja-se o artigo 571 do Código de Processo Civil)

---

[79] VENOSA, Sílvio de Salvo. *Direito civil: teoria geral das obrigações e teoria geral dos* contratos. 4. ed. São Paulo: Atlas, 2004, p. 77.

[80] GONÇALVES, Carlos Roberto. *Direito civil brasileiro*. Volume 2: teoria geral das obrigações. São Paulo: Saraiva, 2004, p. 38.

[81] BITTAR, Carlos Alberto. *Direito das Obrigações*. Rio de Janeiro: Forense, 1990, p. 69.

Não se confundem as obrigações *cumulativas* com as *alternativas* ou *disjuntivas*, em que, embora exista pluralidade de prestações, o devedor só está adstrito a uma delas[83]. O mesmo se diga da *facultativa*, que também não se confunde com a *cumulativa* (tampouco com a *alternativa*), haja vista que naquela existe uma prestação sobressalente que será cumprida a critério exclusivo do devedor, enquanto nestas, como se viu, serão as prestações cumpridas em conjunto, no primeiro caso, ou será eleita uma das prestações *alternativas* que, uma vez cumprida, redundará na satisfação da obrigação.

*5.2.2.2 **Obrigações genéricas e específicas***

As obrigações *genéricas* referem-se à possibilidade de repetir o cumprimento com bens que se incluíam no gênero. São aquelas cujo conteúdo também se refere a dar ou não dar, fazer ou não fazer, mas apontando para bens e serviços indeterminados e não assinalados especificamente.

Dois são os exemplos citados por Serpa Lopes, a saber: a) quando o objeto da dívida figura de um modo genérico (ex. uma tonelada de carvão mineral) ou; b) quando podem ser estipulados de um modo individualizado, aparecendo como um objeto determinado, mediante características próprias (ex. a venda de um piano de tal marca *X*, com o n.º *Y* e que se encontra em minha casa).[84]

Observe-se que as obrigações específicas devem ser cumpridas com o mesmo objeto determinado na relação jurídica e não outro, pois o conteúdo se refere a dar ou não dar, fazer ou não fazer algo determinado.

*5.2.2.3 **Obrigações divisíveis e indivisíveis***

A classificação das obrigações *divisíveis* e *indivisíveis* também tem como base o objeto da prestação sobre o qual recai a possibilidade de divisão ou de não-divisão no momento da execução. Se o objeto permite o parcelamento, a obrigação é divisível, caso contrário é indivisível. (Vejam-se os artigos 257, 258, 314, 1.386 do Código Civil de 2002)

---

[82] GAGLIANO, Pablo Stolze; PAMPLONA FILHO, Rodolfo. *Novo curso de direito civil*. São Paulo: Saraiva, 2005, p. 92.

[83] BARROS Monteiro, Washington de. *Curso de Direito Civi. Direito das Obrigações*. 1ª. Parte. 26. ed. São Paulo: Saraiva, 1993, p. 51.

[84] SERPA Lopes, Miguel Maria de. *Curso de Direito Civil*. 6. ed. Brasil: Freitas Bastos., Vol. 2. 1995, p 63.

Devemos diferenciar, contudo, a indivisibilidade da obrigação em relação ao seu objeto (indivisibilidade legal ou convencional), da possibilidade de divisão ou não dos bens (indivisibilidade natural ou material), já que podem ser também indivisíveis os serviços. Veja-se que, ainda que divisíveis os bens que integram a obrigação, o cumprimento pode exigir-se integralmente, quando assim é decidido pelas partes ou estabelecido na lei (obrigação solidária). Sendo assim, consideramos existir uma forma de indivisibilidade relativa. "A importância dessa distinção está vinculada à possibilidade de pagamentos divididos no tempo em prestações sucessivas".[85]

5.2.2.4 Obrigações instantâneas e periódicas

Segundo a composição da prestação e a sua natureza, podem diferenciar-se as obrigações pelo tempo que requer o estabelecimento da relação jurídica, e, ao lado disso, o vínculo duradouro entre as partes que as integram. "As instantâneas são aquelas que se exaurem com um só ato ou fato: obrigação de entregar um cavalo ou de restituir uma casa. As periódicas, ao inverso, solve-se a prestação em trato sucessivo ou continuado, num espaço mais ou menos longo de tempo: obrigação do locador de ceder ao locatário, por tempo determinado ou não, uso e gozo de coisa não fungível, obrigação do locatário de satisfazer a retribuição convencionada".[86]

5.2.2.5 Obrigações líquidas e ilíquidas

Líquida é a obrigação certa quanto à sua existência, e determinada quanto ao seu objeto. A prestação, pois, nesses casos, é certa, individualizada, a exemplo do que ocorre quando alguém se obriga a entregar ao credor a quantia de R$ 100,00. Já a obrigação *ilíquida* carece de especificação do seu *quantum*, para que possa ser cumprida. A apuração processual desse valor dá-se por meio do procedimento de liquidação previsto a partir do art. 603 do Código de Processo Civil. É muito comum, nas ações indenizatórias por violação da honra ou da imagem, que a parte não formule pedido líquido (em valor determinado). Em casos tais, se o juiz não liquidar (especificar) o valor no comando sentencial, poderá proferir decisão

---

[85] WALD, Arnoldo. Op. cit., p 48.
[86] BARROS Monteiro, Washington de. Op. cit., p 51.

ilíquida, deixando para momento posterior a efetividade do valor devido[87]. (Vejam-se os artigos 946 do Código Civil de 2002 e 602, 606, 607 do Código de Processo Brasileiro)

5.2.2.6 Obrigações facultativas

É considerada facultativa aquela obrigação que, tendo um único objeto, o devedor tem a faculdade de substituir a prestação devida por outra de natureza diversa. Exemplo: o devedor A obriga-se a pagar a quantia de R$ 10.000,00, facultando-se-lhe, todavia, a possibilidade de substituir a prestação principal pela entrega de um carro usado.[88]

No caso da *facultativa*, a possibilidade de eleição recaía como faculdade do devedor. "Todavia, faculta-se ao devedor cumprir a obrigação, substituindo o objeto, podendo entregar um boi, em vez do cavalo"[89]. Assim, as obrigações *facultativas* se explicam mediante o direito ou faculdade que se atribui ao devedor para cumprir a obrigação com um objeto distinto do devido, pelo que o mesmo tem a faculdade de eleger entre um ou outro, e o credor só pode postular o cumprimento com o objeto preestabelecido e não com o outro.

Hodiernamente existe um consenso acerca da possibilidade de substituir um bem por outro. "Daí o nome adequado da obrigação com faculdade alternativa, ou com faculdade de substituição, que a doutrina lhe empresta (em razão do caráter vinculativo da obrigação)".[90]

5.2.3 Classificação das obrigações quanto ao vínculo

Quanto ao vínculo as obrigações podem ser classificadas da seguinte forma: *unilaterais*, *bilaterais*, *civis, naturais*, *honorárias*, de *direito estrito*, de *boa fé*. No entanto, caracterizamos aqui as denominações mais comuns, a saber: *unilaterais, bilaterais, civis, naturais*.

5.2.3.1 Obrigações unilaterais e bilaterais

---

[87] GAGLIANO, Pablo Stolze; PAMPLONA FILHO, Rodolfo. *Novo curso de direito civil.* São Paulo: Saraiva, 2005, p. 102.

[88] GAGLIANO, Pablo Stolze; PAMPLONA FILHO, Rodolfo. *Novo curso de direito civil.* São Paulo: Saraiva, 2005, p. 95.

[89] VENOSA, Sílvio de Salvo. *Direito civil: teoria geral das obrigações e teoria geral dos* contratos. 4. ed. São Paulo: Atlas, 2004, p. 78.

[90] VENOSA, Sílvio de Salvo. *Direito civil: teoria geral das obrigações e teoria geral dos* contratos. 4. ed. São Paulo: Atlas, 2004, p. 69.

As obrigações *unilaterais* são as que contêm um único vínculo obrigatório, em virtude do qual uma pessoa se obriga em face de outra, sem que exista reciprocidade de vínculo. Destaca-se aqui a unilateralidade do vínculo obrigatório e não dos sujeitos que compõem a obrigação, assim a obrigação pode ser unilateral, independentemente da uni ou multiplicidade de sujeitos. Tomem-se como exemplo as obrigações nascentes do contrato de doação e de comodato.

Por outro lado, as obrigações bilaterais ou recíprocas são aquelas onde existe pluralidade de vínculos obrigatórios, ou seja, onde as partes se obrigam reciprocamente umas em face das outras, do que resulta a presença de credores e devedores em um e em outro lado da relação, quer dizer, onde os sujeitos são, reciprocamente, ativos e passivos (credores e devedores).

5.2.3.2 Obrigações civis e naturais

As obrigações naturais, como visto, eram aquelas que, geralmente, careciam de *actio*, e portanto, opostas às civis. As obrigações civis têm como fonte o direito civil (*jus civile*) e são acompanhadas da *actio civile.*

5.2.4 Grupos especiais de classificação

Outras modalidades são constatadas na doutrina internacional, formulada com base nas seguintes circunstancias e fatores, a saber: a) a causa (ou origem) da relação obrigacional; b) o elemento acidental.

5.2.4.1 Classificação especial quanto à causa ou origem

Quanto à causa ou origem as obrigações podem ser classificadas da seguinte maneira:

a) Obrigações legais.

As obrigações legais são as que nascem das leis. Assim, ensinaria Orlando Gomes: "são situações de fato, tais obrigações são chamadas obrigações legais, no pressuposto de que derivam imediatamente da lei".[91]

b) Obrigações voluntárias.

As obrigações voluntárias derivam dos atos ou omissões quer lícitos quer ilícitos. As derivadas dos negócios jurídicos e, especificamente, dos contratos.

5.2.4.2 Classificação especial quanto à natureza do objeto ou prestação

a) Principais e acessórias.

Principais são aquelas obrigações que têm uma existência e um fim próprio, e que se constituem normalmente, sem depender de nenhuma outra obrigação, quer dizer, a prestação se estabelece e se cumpre independentemente das demais. Acessórias, aquelas obrigações que dependem de uma principal e, portanto, se subordinam e aderem a ela como resultado da sua prévia existência.

De acordo com Bittar, "na primeira espécie podem encartar-se todas as obrigações suscetíveis de existência própria (assim, por exemplo, as integrantes da compra e venda; da locação; do mandato; do depósito e de outros negócios jurídicos). Na segunda, estão as que se vinculam às principais, normalmente, com complementos, ou com garantias (como as cláusulas de juros, de caráter penal, de irrevogabilidade, de irretratabilidade, a de responsabilidade por vícios, a de fiança, etc.)".[92]

b) Presentes ou futuras.

Futuras, aquelas que assinalam bens ou serviços que não existem no presente, mas se tem a segurança ou grande possibilidade de que cheguem a existir e a cumprir-se e presentes, aquelas cujos bens ou serviços já existem no momento da criação da obrigação. Portanto, admite-se que se realizem atos e negócios jurídicos que se constituem com respeito a bens e serviços futuros, quando, desde logo, se tem por segura a futura existência destes. Se não se cumpre esse requisito, o objeto não existe, por exemplo: as obrigações que surgem de contratos constituídos por bens futuros (vendas aleatórias), como as colheitas, a pesca, a empreitada, etc., ou em virtude de fatos que podem ou devem realizar-se.

---

[91] GOMES, Orlando. *Obrigações*. 11. ed. Rio de Janeiro: Forense, 1997, p. 32.
[92] BITTAR, Carlos Alberto. Op. cit., p 84.

c) Lícita ou ilícita.

A ilicitude constitui um requisito da prestação, pelo que são declarados ineficazes os atos e negócios com objetos ilícitos. As obrigações são ilícitas quando não se coadunam com as exigências legais, por contradizerem um dispositivo legal. E são lícitas quando, ao revés, se posicionarem de acordo com as exigências legais.

A obrigação pode apresentar a ilicitude estampada no próprio objeto. Exemplo: "o compromisso de praticar um crime". Em ocasiões a ilicitude se refere a uma contraprestação proibida, por exemplo: emprestar algum dinheiro a juros extorsivos. Esse tipo de obrigação ilícita se diferencia das condições ilícitas, porque naquelas a ilicitude recai no objeto e não na condição incrementada para o cumprimento da obrigação.

d) Positivas ou negativas.

As obrigações são positivas quando a prestação do devedor implica em dar ou fazer alguma coisa e negativas quando importam numa abstenção[93]. Quanto à diferença existente entre a obrigação de não fazer e a obrigação negativa real, assim se pronuncia Washington:

> Os traços distintivos são, pois, característicos: a obrigação de não fazer é de natureza particular ou especial, a obrigação negativa inerente aos direitos reais, geral e abstrata. Pela primeira, compromete-se o devedor, especificamente, a abster-se da prática de determinado ato, pela segunda, a obrigação é vaga e indeterminada não prejudicar o direito alheio. A primeira constitui relação de direito pessoal, só vincula o próprio devedor; a segunda configura direito real, atingindo todos os seres da comunidade, indistintamente, oponível *erga omnes*".[94]

Essas classificações se referem à modalidade ou tipo de cumprimento assinalado como conteúdo da prestação. Dentro destas se definem aquelas que se referem à obrigação de dar algo (quando nos referimos aos bens), transmitindo a propriedade ou somente a posse, uso ou usufruto dos mesmos, segundo a forma de entrega estipulada na relação jurídica. Por outro lado, também podem obrigar-se as partes à abstenção de entregar, e neste caso serão situadas estas como obrigações de não dar, ou como negativas de dar.

O mesmo sucede às obrigações de fazer para as quais se estipula a ação como objeto de prestar um ato ou serviço a favor de uma ou várias pessoas. Da mesma forma que as obrigações de não dar, existem ou podem existir obrigações de não fazer, nas quais o inadimplemento consiste na realização do serviço ou do ato proibido.

---

93 WALD, Arnoldo. Op. cit., p 36.

94 BARROS Monteiro, Washington de. Op. cit., p 50.

5.2.4.2 Classificação especial quanto ao elemento acidental

a) Obrigações condicionais.

São obrigações consideradas condicionadas a eventos futuros e incertos (condição). Ex. quando alguém se obriga a dar ou a fazer, quando se verifique um dado acontecimento futuro ou incerto. A condição pode ser suspensiva ficando subordinada à verificação de um dado acontecimento (arts. 125 de Código Civil de 2002)

Não devemos confundir as obrigações *futuras* com as *condicionais*. As condicionais são aquelas cujo cumprimento depende de acontecimentos futuros e incertos. Assim sendo, se desconhece se realmente tais fatos sucederão. Tais obrigações, "inseridas pelas partes nos contratos e em declarações unilaterais, imprimem alterações às obrigações, dizendo-se condicionais aquelas que se subordinam a fatos futuros e incertos (ou condições)".[95]

Logo, o que resulta futuro é a condição estabelecida para limitar os efeitos, pois se desconhece se ocorrerá ou não o fato futuro e incerto estipulado para eles. Também em ambas a situação futura que afeta o cumprimento se expressa por causas diferentes. Na obrigação condicional encontra-se bem definido o seu objeto, mas este pode cumprir-se na forma suspensiva (inicial) ou resolutiva (final), se decorrer de um fato futuro e incerto, como por exemplo: ao estabelecer-se o início e o final dos benefícios de um serviço, sucede um fato determinado (futuro e incerto).

b) Obrigações a termo.

Trata-se das obrigações que têm subordinadas sua exigibilidade ou sua resolução a um evento futuro e certo. As obrigações a termo possuem como elemento primário uma data (dia certo) que determina o momento em que começam ou cessam os efeitos do cumprimento da obrigação (termo suspensivo ou resolutivo).

Contudo, são obrigações a termo, as dependentes de evento certo (aquelas cuja eficácia se vincula a um fato a acontecer; as submetidas a um ônus e sujeitas a realização em certa data, ou prazo)"[96]. Tenha-se como exemplo de termo suspensivo a obrigação decorrente daquele empréstimo de um cavalo de raça a um peão, que se dará após o dia do rodeio. Como termo resolutivo, a obrigação decorrente desse mesmo empréstimo, que se dará até o dia do rodeio.

---

[95] BITTAR, Carlos Alberto. Op. cit., p 85.

[96] Ibid., p. 85.

c) Obrigações modais.

As obrigações modais "são aquelas oneradas com um encargo (ônus), imposto a uma das partes, que experimentará um beneficio maior".[97]

Para Washington de Barros Monteiro "são modais, quando se impõe um ônus ao devedor beneficiado com determinada liberalidade: por exemplo, a doação com encargo"[98], quando o donatário estará obrigado a cumprir uma tarefa estipulada pelo doador, atividade essa que poderá ser do interesse do próprio doador, de terceiro ou do interesse geral (veja-se o artigo 136 e 562 do Código Civil de 2002).

De acordo com Maria Helena Diniz:

> a obrigação modal é a que se encontra onerada com um modo ou encargo, isto é, por cláusula acessória que impõe um ônus à pessoa natural ou jurídica contemplada pela relação creditória. É o caso, por exemplo, da obrigação imposta ao donatário, de construir no terreno doado, um prédio para escola (RT, 212/544, 218/497). O onerado passa, então, a ter o dever de empregar o bem recebido pela maneira e com a finalidade estabelecida pelo instituidor, de tal sorte que, se não houvesse essa cláusula, ele não estaria vinculado a qualquer prestação, pois no modo, em regra, adere-se a atos de liberalidade.[99]

d) Obrigações puras.

São as obrigações que não são condicionais, a termo ou modais. Assim, a eficácia ou efeitos não depende (não estão limitados) nem de eventos quer certos quer incertos nem de atividades futuras.

5.2.4.3 Classificação especial quanto ao conteúdo

a) Obrigações de meio.

A obrigação de meio é aquela em que o devedor se obriga a empreender sua atividade, sem garantir, todavia, o resultado esperado. Fala-se, por exemplo, da atividade do médico ou do advogado que, ao se usarem das regras técnicas e científicas adequadas e disponíveis, não podem garantir o resultado de sua atuação (ex. a cura do paciente) ou o êxito do processo.[100]

---

[97] GAGLIANO, Pablo Stolze; PAMPLONA FILHO, Rodolfo. *Novo curso de direito civil.* São Paulo: Saraiva, 2005, p. 110.

[98] BARROS Monteiro, Washington de. Op. cit., p 53.

[99] DINIZ, Maria Helena. *Curso de Direito Civil brasileiro.* 2º volume - Teoria Geral das Obrigações – 3. ed. São Paulo: Saraiva, p. 120.

[100] GAGLIANO, Pablo Stolze; PAMPLONA FILHO, Rodolfo. *Novo curso de direito civil.* São Paulo: Saraiva, 2005, p. 110-111.

O devedor compromete-se a empregar os meios apropriados de seu mister, para determinada atividade, o que permitirá ao credor "esperar" um resultado satisfatório, podendo ocorrer que esse resultado não seja alcançado. É o que sucede nos exemplos citados, com o advogado e o médico. Nem o advogado pode garantir o ganho de causa ao cliente, nem o medico pode assegurar a cura do paciente. Devem esses profissionais, isto sim, empregar toda sua técnica e diligencia no sentido de que tais objetivos sejam alcançados.

Na hipótese de uma obrigação de meio, deve ser aferido se o devedor foi diligente no cumprimento da obrigação.

b) Obrigações de resultado.

Nesta modalidade obrigacional, o devedor se obriga não apenas a empreender a sua atividade, mas, principalmente, a produzir o resultado esperado pelo credor[101]. Diz-se da obrigação onde só importa conferir o resultado esperado para que seja tida como cumprida. Daí ser necessário examinar o que se prometeu em face do cumprimento.

Assim sendo, por meio de uma obrigação de resultado o devedor compromete-se, por exemplo, a entregar determinada mercadoria (há um resultado pretendido).

Nas obrigações de resultado (como as que derivam do contrato de transporte, do contrato de reparação de defeitos em equipamentos, por exemplo), a inexecução implica falta contratual, dizendo-se que existe, em linhas gerais, presunção de culpa, ou melhor, a culpa é irrelevante na presença do descumprimento contratual. (Ver art. 389 do Código Civil de 2002)

Em suma, quando se apura o descumprimento da obrigação, torna-se importante e fundamental, verificar se estamos perante uma obrigação de meio ou de resultado. É essa distinção que, embora inexistente expressamente em nossa lei, mas presente na natureza dos vários contratos, dá coerência ao sistema contratual.

c) Obrigações de garantia.

Diz-se das obrigações que têm como conteúdo eliminar riscos que pesam sobre o credor, reparando suas consequências. O exemplo típico de tais obrigações são os contratos de seguro, em que, mesmo que o bem pereça em face de atitude de terceiro (incêndio provocado), a seguradora deve responder[102]. Coloca-se também como exemplo, a obrigação

---

[101] GAGLIANO, Pablo Stolze; PAMPLONA FILHO, Rodolfo. *Novo curso de direito civil.* São Paulo: Saraiva, 2005, p. 111.

[102] GAGLIANO, Pablo Stolze; PAMPLONA FILHO, Rodolfo. *Novo curso de direito civil.* São Paulo: Saraiva,

do fiador como uma obrigação de garantia. (Vejam-se os artigos 441, 447, 439 do Código Civil de 2002)

d) Cláusula Penal.

Cláusula penal, ensina Venosa[103], é uma obrigação de natureza acessória de um contrato principal. Por meio desse instituto insere-se uma multa na obrigação, para a parte que deixar de dar cumprimento ou apenas retardá-lo. Trata-se de uma obrigação que tem como finalidade a indenização prévia de perdas e danos, de outro, a de penalizar o devedor moroso. Embora a cláusula penal tenha-se considerado, com frequência uma das modalidades da obrigação e assim inserida nos códigos (ex. Código Civil de 1916), hoje se coloca na parte específica referente ao inadimplemento das obrigações (Código Civil de 2002: artigos 408 a 416).

É, na verdade, um instituto muito usado nas relações contratuais correntes. Observa-se no contrato de locação, por exemplo, e nos diversos contratos onde se estipula multa, caso o devedor (locatário) pague após um dia do mês (vencimento) devidamente prefixado. Contudo, devido a sua importância, abordaremos com mais cuidado o assunto no tema que trata do inadimplemento das obrigações.

5.3 Das modalidades das obrigações à luz do Código Civil de 2002

Várias são as espécies ou modalidades das obrigações contempladas na Parte Especial, Livro I, Título I do Código Civil de 2002. É, devido à importância teórica e prática desta sistemática que, a seguir, privilegiamos a seguinte subseção.

Como se viu, obedecendo aos desígnios da doutrina nacional e internacional, concernentes ao tema da classificação das obrigações, vários autores e códigos, com frequência, dividem as obrigações (de acordo com a prestação) em *dar* ou *não dar* (dever de entrega de algo ou dever de não - entrega de algo) e obrigações de *fazer* ou *não fazer* (dever de realização de um ato ou serviço ou dever de abstenção desse ato ou serviço).

Se bem o legislador brasileiro não privilegiou a definição das modalidades, isto, porque tampouco está obrigado a definir, no Código Civil de 2002 adotou-se uma interessante divisão das obrigações, ora observando quer o elemento subjetivo quer o objetivo da relação

---

2005, p. 112.

103 VENOSA, Sílvio de Salvo. *Direito civil: teoria geral das obrigações e teoria geral dos* contratos. 4. ed. São Paulo: Atlas, 2004, p. 167.

jurídica obrigacional. Assim sendo, entre outras modalidades, podemos observar a existência de regras que têm como objeto, entre outras, as obrigações de *dar*, de *fazer* ou de *não fazer*. Na primeira hipótese figurando o dever de entrega de algo (coisa certa, incerta ou restituir), na segunda hipótese o dever de realização de um ato ou serviço e na terceira hipótese o dever de abstenção desse ato (aqui incluída a não- entrega do bem) ou serviço. Vejamos agora, de forma específica, um comentário acerca de tais modalidades.

5.3.1 Obrigação de dar coisa certa ou incerta

A obrigação de *dar* (positiva de dar) tem como finalidade tanto a transmissão da titularidade dos bens quanto a entrega física de uma coisa (ou bem). Trata-se de uma obrigação que gera apenas um direito à coisa e não exatamente um direito real. A propriedade dos imóveis, por exemplo, adquire-se quando derivada de uma obrigação pela qual se transmite o título no Registro de Imóvel. Já, a propriedade dos bens móveis adquire-se pela tradição, isto é, com a entrega da coisa. Logo, a obrigação de dar pode ser definida como aquela em que o devedor se compromete a entregar uma coisa móvel ou imóvel ao credor, quer para constituir novo direito, quer para restituir a mesma coisa a seu titular. Considere-se, então, incluída na anterior definição a obrigação de *restituir*, pois ela é modalidade da obrigação de dar, disciplinada nos artigos 238 e seguintes do Código Civil de 2002.[104]

Destarte, a obrigação de *dar* é um tipo de obrigação chamada pelos romanos de *obligationes dandi* que, de acordo com alguns autores, assume as formas de entrega ou restituição de determinada coisa pelo devedor ao credor. Assim, pode parecer que a obrigação de dar também abrange a entrega e a restituição ambas as categorias resumidas no vocábulo: *tradição*, assim como se observa na seguinte regra: "*Se a obrigação for de restituir coisa certa, e esta, sem culpa do devedor, se perder antes da tradição, sofrerá o credor a perda, e a obrigação se resolverá, ressalvados os seus direitos até o dia da perda*". (Artigo 238 do Código Civil de 2002)

No entanto, alguns autores preferem distinguir as obrigações de *dar* das de *entregar*, utilizando a primeira denominação para as relações jurídicas em que se objetive transferência do domínio ou de outros direitos reais, e a segunda para simples concessão de uso temporário, como locação, arrendamento, comodato etc. Mas, como se sabe, no direito de crédito, a

---

[104] VENOSA, Sílvio de Salvo. *Direito civil: teoria geral das obrigações e teoria geral dos* contratos. 4. ed. São Paulo: Atlas, 2004, p. 83.

palavra "dar" tem um sentido geral que exprime tanto a obrigação de transferir a propriedade como a posse.[105]

Como acima se observa, a obrigação de *dar* pode abranger *coisa certa* ou *coisa incerta*. A obrigação de dar coisa certa (coisa determinada: caracterizada e individualizada) surge quando a prestação é de objeto específico e individualizado, v.g., obrigação de restituir um livro autografado, ou que fora dado em comodato. A obrigação de dar coisa incerta (coisa não especificada) consiste em fornecer certa quantidade de unidades de determinado gênero e não uma coisa especificada. A incerteza da coisa não significa indeterminação, mas determinação genericamente feita[106]. Vejamos as seguintes regras disciplinadas no Código Civil de 2002:

> "*A obrigação de dar coisa certa abrange os acessórios dela embora não mencionados, salvo se o contrario resultar do título ou das circunstancias do caso*". (Artigo 233)
>
> "*A coisa incerta será indicada, ao menos, pelo gênero e pela quantidade*". (Artigo 243)
>
> "*Nas coisas determinadas pelo gênero e pela quantidade, a escolha pertence ao devedor, se o contrário não resultar do título da obrigação; mas não poderá dar a coisa pior, nem será obrigado a prestar a melhor*". (Artigo 244)
>
> "*Cientificado da escolha o credor, vigorará o disposto na Seção antecedente*". (Artigo 245)
>
> "*Antes da escolha, não poderá o devedor alegar perda ou deterioração da coisa, ainda que por força maior ou caso fortuito*". (Artigo 246)

Colocam-se, como sendo de *dar*, as seguintes obrigações:

a) as derivadas da compra e venda (a entrega da coisa vendida ou do preço). Exemplos: "*Pelo contrato de compra e venda, um dos contratantes se obriga a transferir o domínio e certa coisa, e o outro, a pagar-lhe certo preço em dinheiro*". (Artigo 481 do Código Civil de 2002)

b) as derivadas da troca ou permuta (obrigação das partes contratantes). Exemplo:

> "*Aplicam-se à troca as disposições referentes à compra e venda, com as seguintes modificações:*

---

105 GONÇALVES, Carlos Roberto. *Direito civil brasileiro*. Volume 2: teoria geral das obrigações. São Paulo: Saraiva, 2004, p. 42.

106 WALD, Arnoldo. *Obrigações e Contratos*. 12. ed. São Paulo: Rt, 1995, p. 38-39.

> *I – salvo disposição em contrário, cada um dos contratantes pagará por metade as despesas com o instrumento da troca;*
>
> *II – (...)*". (Artigo 533 do Código Civil de 2002)

c) as derivadas da locação (obrigação do locador e do locatário). Exemplo:

> "*Na locação de coisas, uma das partes se obriga a ceder à outra, por tempo determinado ou não, o uso e gozo de coisa não fungível, mediante certa retribuição*". (Artigo 565 do Código Civil de 2002)

d) as derivadas da doação (obrigação do doador). Exemplo: "*Considera-se doação o contrato em que uma pessoa, por liberalidade, transfere do seu patrimônio bens ou vantagens para o de outra*". (Artigo 538 do Código Civil de 2002)

e) as derivadas do comodato (obrigação do comodatário). Exemplo: "*O comodato é o empréstimo gratuito de coisas não fungíveis. Perfaz-se com a tradição do objeto*". (Artigo 579 do Código Civil de 2002)

f) as derivadas do depósito (obrigação do depositário). Exemplo:

> "*Pelo contrato de depósito recebe o depositário um objeto móvel, para guardar, até que o depositante o reclame*" (Artigo 627 do Código Civil de 2002)

g) as derivadas do mutuo (obrigação do mutuário) etc.

> "*O mútuo é o empréstimo de coisas fungíveis. O mutuário é obrigado a restituir ao mutuante o que dele recebeu em coisa do mesmo gênero, qualidade e quantidade*". (Artigo 586 do Código Civil de 2002)
> "*Este empréstimo transfere o domínio da coisa emprestada ao mutuário, por cuja conta correm todos os riscos dela desde a tradição*". (Artigo 587 do Código Civil de 2002)

Em todo caso, o sujeito que é considerado devedor é obrigado a entregar ou a restituir uma coisa determinada e específica prometida e não outra, assim como se estabelece no artigo 313 do Código Civil de 2002: "*O credor não é obrigado a receber prestação diversa da que lhe é devida, ainda que mais valiosa*".

5.3.2 Obrigação de fazer

A obrigação de fazer tem como conteúdo uma atividade quer uma prestação de uma atividade física ou material (ex. fazer um reparo em máquina, pintar casa, levantar muro) quer intelectual, artística ou científica (ex. escrever uma obra literária, partitura musical, ou realizar experiência científica).[107]

Trata-se de uma obrigação que abrange atividades ou serviços prestados visando a satisfação de uma necessidade humana, especificamente de utilidade para o credor (consumidor).

As obrigações de fazer parecem diferenciar-se das obrigações de dar principalmente por que o credor, conforme as circunstancias, não aceitar a prestação por terceiro, enquanto nesta se admite o cumprimento por outrem, estranho aos interessados (CC, art. 305)[108]. É, conforme à anterior compreensão que o legislador brasileiro elaborou as seguintes regras:

> "*Incorre na obrigação de indenizar perdas e danos o devedor que recusar a prestação a ele só imposta, ou só por ele exequível*". (Artigo 247 do Código Civil de 2002)
>
> "*Se a prestação do fato tornar-se impossível sem culpa do devedor, resolver-se-á a obrigação; se por culpa dele, responderá por perdas e danos*". (Artigo 248 do Código Civil de 2002)
>
> "*Se o fato puder ser executado por terceiro, será livre ao credor mandá-lo executar à custa do devedor, havendo recusa ou mora deste, sem prejuízo da indenização cabível*". (Artigo 249 do Código Civil de 2002)

Veja-se que tanto a obrigação de dar como a de fazer são obrigações positivas. Vejamos, a seguir outras obrigações que são negativas.

5.3.3 Obrigação de não fazer

Nas obrigações de *não fazer* o devedor se compromete a não executar atividade alguma que não seja de interesse do credor (exemplo, no contrato de locação o locatário está obrigado a não sublocar a coisa locada). Assim, a imposição de uma obrigação negativa determina ao devedor uma abstenção que pode ou não ser limitada no tempo. Logo, a

---

[107] VENOSA, Sílvio de Salvo. *Direito civil: teoria geral das obrigações e teoria geral dos* contratos. 4. ed. São Paulo: Atlas, 2004, p. 101-102.

[108] GONÇALVES, Carlos Roberto. *Direito civil brasileiro*. Volume 2: teoria geral das obrigações. São Paulo: Saraiva, 2004, p. 69.

obrigação de *não fazer* ora se apresenta como uma pura e simples abstenção. Vejamos as seguintes regras:

> "*Extingue-se a obrigação de não fazer, desde que, sem culpa do devedor, se lhe torne impossível abster-se do ato, que se obrigou a não praticar*". (Artigo 250 do Código Civil de 2002)
>
> "*Praticado pelo devedor o ato, a cuja abstenção se obrigara, o credor pode exigir dele que o desfaça, sob pena de se desfazer à sua custa, ressarcindo o culpado perdas e danos.*
>
> ***Parágrafo único****. Em caso de urgência, poderá o credor desfazer ou mandar desfazer, independentemente de autorização judicial, sem prejuízo do ressarcimento devido*". (Artigo 251 do Código Civil de 2002).

Como bem assinala Carlos Roberto Gonçalves, diverso é o processo de execução de sentença, conforme se trate de execução para entrega de coisa certa (obrigação de dar), regida pelos artigos 621 a 631 do Código de Processo Civil, ou de execução das obrigações de fazer e de não fazer, reguladas pelos arts. 632 a 645 do mesmo diploma.[109]

5.3.4 Obrigação alternativa

Conforma já vimos, as obrigações podem ser *simples* ou compostas ou complexas. As primeiras têm um objeto singular. As segundas têm um objeto composto ou plural, sendo que, nesta última, a prestação pode constituir-se de mais de um objeto.

Todavia as obrigações compostas podem ser cumulativas (ou conjuntivas) quando o objeto composto pode ser ligado pela conjunção *e* (devo entregar um carro e uma casa). Por outro lado, o objeto pode vir a ser disjuntivo ou alternativo quando ligado pela partícula *ou* o devedor está compelido a entregar ou fazer uma coisa entre várias prestações.

Denomina-se, portanto, obrigação *alternativa* a que se considera cumprida com a execução de qualquer das prestações que formam seu objeto. Questão importante a saber, uma vez que o objeto é múltiplo, a quem cabe a escolha da prestação que vai ser executada. De acordo com o artigo 252 do Código Civil de 2002 a escolha cabe ao devedor, se outra coisa não se estipulou.[110]

> "*Nas obrigações alternativas, a escolha cabe ao devedor, se outra coisa não se estipulou (...)*". (Artigo 252 do Código Civil de 2002)

---

[109] GONÇALVES, Carlos Roberto. *Direito civil brasileiro*. Volume 2: teoria geral das obrigações. São Paulo: Saraiva, 2004, p. 42.

[110] VENOSA, Sílvio de Salvo. *Direito civil: teoria geral das obrigações e teoria geral dos* contratos. 4. ed. São Paulo: Atlas, 2004, p. 112-113.

> "*Se todas as prestações se tornarem impossíveis sem culpa do devedor, extinguir-se-á a obrigação*". (Artigo 256 do Código Civil de 2002)

5.3.5 Obrigação indivisível

A classificação das obrigações em divisíveis e indivisíveis tem como objetivo indicar a possibilidade ou impossibilidade de fracionar o cumprimento. Dizem das obrigações que podem cumprir-se separadamente ou devem cumprir-se em sua totalidade. Daí a divisibilidade ou indivisibilidade recai na prestação.

> "*Havendo mais de um devedor ou mais de um credor em obrigação divisível, esta presume-se dividida em tantas obrigações, iguais e distintas, quantos os credores ou devedores*". (Artigo 257 do Código Civil de 2002)
>
> "*A obrigação é indivisível quando a prestação tem por objeto uma coisa ou um fato não suscetíveis de divisão, por sua natureza, por motivo de ordem econômica, ou dada a razão determinante do negócio jurídico*". (Artigo 258 do Código Civil de 2002)
>
> "*Se, havendo dois ou mais devedores, a prestação não for divisível, cada um será obrigado pela divida toda.*
>
> ***Parágrafo único**. O devedor, que paga a dívida, sub-roga-se no direito do credor em relação aos outros coobrigados*". (Artigo 259 do Código Civil de 2002)
>
> "*Perde a qualidade de indivisível a obrigação que se resolver em perdas e danos (...)*". (Artigo 263 do Código Civil de 2002)

5.3.6 Obrigação solidária

A obrigação solidária tem em mira a pluralidade de sujeitos. Assim sendo, havendo mais de um sujeito passivo (devedor) ou mais de um sujeito ativo (credor) a obrigação pode assumir tal denominação.

A obrigação é solidária quando a totalidade de seu objeto pode ser reclamada por qualquer dos credores ou qualquer dos devedores. Eis que o legislador brasileiro não descuidou desta modalidade cujo efeito fundamental parece ser o mesmo das obrigações indivisíveis, mas nesse caso a possibilidade de reclamar a totalidade não deriva da natureza da prestação, mas da vontade das partes ou da lei. De fato, a solidariedade não se presume, resultando da lei ou da vontade das partes (ver artigos 264, 265 e 266 do Código Civil de 2002).[111]

---

[111] VENOSA, Sílvio de Salvo. *Direito civil: teoria geral das obrigações e teoria geral dos* contratos. 4. ed. São Paulo: Atlas, 2004, p. 130-131.

"*Há solidariedade, quando na mesma obrigação concorre mais de um credor, ou mais de um devedor, cada um com direito, ou obrigação, à dívida toda*". (Artigo 264 do Código Civil de 2002)

"*A solidariedade não se presume; resulta da lei ou da vontade das partes*". (Artigo 265 do Código Civil de 2002)

"*A obrigação solidária pode ser pura e simples para um dos co-credores ou co-devedores, e condicional, ou a prazo, ou pagável em lugar diferente, para o outro*". (Artigo 266 do Código Civil de 2002)

A) Obrigação solidária ativa.

Pode ocorrer a solidariedade de credores (ativa). Veja-se solidariedade ativa nos seguintes artigos.

"*Cada um dos credores solidários tem direito a exigir do devedor o cumprimento da prestação por inteiro*". (Artigo 267 do Código Civil de 2002)

"*Enquanto alguns dos credores solidários não demandarem o devedor comum, a qualquer daqueles poderá este pagar*". (Artigo 268 do Código Civil de 2002)

"*O pagamento feito a um dos credores solidários extingue a dívida até o montante do que foi pago*". (Artigo 269 do Código Civil de 2002)

"*Se um dos credores solidários falecer deixando herdeiros, cada um destes só terá direito a exigir e receber a quota do crédito que corresponder ao seu quinhão hereditário, salvo a obrigação for indivisível*". (Artigo 270 do Código Civil de 2002)

B) Obrigação solidária passiva.

A solidariedade de devedores (passiva) regula-se nos (artigos 275 a 285). Eis algumas regras:

"*O credor tem direito a exigir e receber de um ou de alguns dos devedores, parcial ou totalmente, a dívida comum; se o pagamento tiver sido parcial, todos os demais devedores continuam obrigados solidariamente pelo resto*".

"***Parágrafo único.*** *Não importará renúncia da solidariedade a propositura de ação pelo credor contra um ou alguns dos devedores*". (Artigo 275 do Código Civil de 2002)

"*Se um dos devedores solidários falecer deixando herdeiros, nenhum destes será obrigado a pagar senão a quota que corresponder ao seu quinhão hereditário, salvo se a obrigação for indivisível; mas todos reunidos serão considerados como um devedor solidário em relação aos demais devedores*". (Artigo 276 do Código Civil de 2002)

"*O pagamento parcial feito por um dos devedores e a remissão por ele obtida não aproveitam aos outros devedores, senão até à concorrência da quantia paga ou relevada*". (Artigo 277 do Código Civil de 2002)

Capítulo 6
Dinâmica das Obrigações:
Forma Comum e Formas Especiais de Pagamento

Como tudo quanto existe no mundo, ensina Washington de Barros Monteiro, "as obrigações nascem, vivem e se extinguem. Nascem de uma declaração da vontade ou em virtude de lei. Vivem através das suas várias modalidades, obrigações de dar, de fazer, ou de não fazer alguma coisa, a que se reduzem todas as demais"[112]. Extinguem-se por meio do pagamento ou de outras formas quer normais (comuns) quer especiais de extinção das obrigações.

Costuma-se utilizar a expressão pagamento para significar a execução ou o desempenho voluntário da prestação. É pois, o pagamento uma forma de extinção do vínculo obrigacional, objetivo principal que perseguem os sujeitos com o estabelecimento de uma obrigação. Assim, o pagamento ou o cumprimento da obrigação, deve ser visto como o ato por meio qual o vínculo jurídico perde sua razão de ser.

6.1 Teoria do pagamento das obrigações

Pagamento, não significa apenas a entrega de uma soma em dinheiro, mas poderá também traduzir, em sentido mais amplo, o cumprimento voluntário de qualquer espécie de obrigação. Daí, no sentido técnico-jurídico, o pagamento significa a execução de qualquer espécie de obrigação. Logo, paga não apenas aquele que entrega a quantia em dinheiro (obrigação de dar), mas também o indivíduo que realiza uma atividade (obrigação de fazer) ou, simplesmente, se abstém de um determinado comportamento (obrigação de não fazer)".[113]

---

[112] MONTEIRO, Washington de Barros. *Curso de Direito Civil - Direito das Obrigações*. 1ª Parte. 26. ed. São Paulo: Saraiva, 1993. v. 4, p. 247.

[113] GAGLIANO, Pablo Stolze; PAMPLONA FILHO, Rodolfo. *Novo curso de direito civil*. São Paulo: Saraiva, 2005, p. 121.

Pagamento significa, pois, cumprimento ou adimplemento da obrigação: realização voluntária da prestação debitória, tanto quando procede do devedor como quando provém de terceiro, interessado ou não na extinção do vínculo obrigacional pois "qualquer interessado na extinção da dívida pode pagá-la" (CC, art. 304) e "igual direito cabe ao terceiro não interessado, se o fizer em nome e à conta do devedor" (parágrafo único).[114]

Ora, nem sempre as obrigações se cumpre ou extinguem da mesma forma. As obrigações, afirma Serpa Lopes, "produzem uma dupla ordem de efeitos: efeitos diretos e efeitos indiretos. Os efeitos diretos, consistem no adimplemento das mesmas, nas consequências que decorrem do inadimplemento ou do retardamento desse adimplemento. Efeitos indiretos são direitos conferidos pela lei ao credor, para obter a execução precisa e exata da obrigação, e, na falta, o ressarcimento por perdas e danos, direitos chamados auxiliares".[115]

Assim, o pagamento é o principal modo de extinção das obrigações e pode ser direto ou indireto. Entre os diversos meios indiretos encontram-se, por exemplo, o pagamento por consignação e a dação em pagamento. Além do modo normal, que é o pagamento, direto ou indireto, a obrigação pode extinguir-se também por meios anormais, isto é, sem pagamento, como no caso de impossibilidade de execução sem culpa do devedor, do advento do termo, da prescrição, da nulidade ou anulação, da novação, da compensação etc. O pagamento, por sua vez, pode ser efetuado voluntariamente ou por meio de execução forçada, em razão de sentença judicial. Pode-se dizer, então, que há cumprimento da obrigação tanto quando o devedor realiza espontaneamente (de forma voluntária) a prestação de vida como quando involuntariamente a efetua depois de interpelado, notificado ou condenado em processo de conhecimento, ou até mesmo no decurso do processo de execução. Prescreve, com efeito, o art. 794, I, do Código de Processo Civil que a execução se extingue "quando o devedor satisfaz a obrigação".[116]

6.2 Natureza jurídica e requisitos da validade do pagamento

O tema da natureza jurídica do pagamento é altamente complexo. De acordo com uma corrente específica, o pagamento deve ser considerado como fato jurídico. Uma segunda

---

114 GONÇALVES, Carlos Roberto. *Direito civil brasileiro*. Volume 2: teoria geral das obrigações. São Paulo: Saraiva, 2004, p. 236.
115 SERPA Lopes, Miguel Maria de. *Curso de Direito Civil*. 6. ed. Brasil: Freitas Bastos. Vol. 2, 1995, p 167.
116 GONÇALVES, Carlos Roberto. *Direito civil brasileiro*. Volume 2: teoria geral das obrigações. São Paulo: Saraiva, 2004, p. 237.

postura reconhece que o pagamento é um ato jurídico e não faltam os que pensam que é um negócio jurídico.

Para alguns autores, afirma Carlos Roberto Gonçalves[117], o pagamento não passa de um fato jurídico, ou seja, de um acontecimento da vida relevante para o direito, meramente extintivo de uma obrigação. Muitos, no entanto, o vêem como ato jurídico e, mais especificamente, como um negócio jurídico. Entre os que consideram o pagamento negócio jurídico, sustentam que é bilateral e outros, unilateral. A grande dificuldade encontrada para se dar uma solução única para o problema ou qualificar o pagamento como negócio jurídico, bilateral ou unilateral, é que muitas vezes ele consiste numa abstenção, em um *nom facere*. Contudo, continua o autor, o pagamento tem a natureza de um ato jurídico em sentido amplo, da categoria dos atos lícitos, podendo ser ato jurídico *stricto sensu* ou negócio jurídico, bilateral ou unilateral, conforme a natureza específica da prestação.

6.3 Elementos ou requisitos fundamentais da validade do pagamento

Compõe-se o pagamento dos seguintes elementos:

a) Vínculo jurídico: nexo que une um sujeito moral, socialmente e economicamente a outro. Não havendo vínculo, não há que se pensar em pagamento.

b) Sujeito ou pessoa que paga: *solvens*.

c) Sujeito ou pessoa que recebe: *accipiens*.

Na doutrina nacional alguns autores consideram importante destacar como requisitos essenciais do pagamento os seguintes: a) existência de um vínculo obrigacional; b) a intenção de solvê-lo (*animus solvendi*); c) o cumprimento da prestação; d) a pessoa que efetua o pagamento (*solvens*); e) a pessoa que o recebe (*accipiens*).

Para uma melhor compreensão da forma comum de pagamento, importante se faz estudar a maneira como o mesmo quer como ato jurídico quer como negócio jurídico opera quanto ao sujeito, objeto, o tempo e o lugar do pagamento.

---

[117] GONÇALVES, Carlos Roberto. *Direito civil brasileiro*. Volume 2: teoria geral das obrigações. São Paulo: Saraiva, 2004, p. 238-240.

6.4 Da forma comum de pagamento

6.4.1 Condições subjetivas do pagamento

Ao analisarmos as condições subjetivas do pagamento estaremos insistindo nos elementos subjetivos (sujeito) que atuam no ato de pagar.

6.4.1.1 De quem deve pagar

Sabe-se que o devedor, sujeito passivo da relação jurídica obrigacional, é o principal responsável pela solução da dívida. Mas, a forma comum de pagamento, por meio da categoria *solvens*, se reserva a possibilidade de que terceiras pessoas possam vir a extinguir as obrigações que não são estritamente pessoais (*intuitu personae*), isto é, personalíssimas (*personalissimu*), obrigações constituídas observando as qualidades pessoais do devedor e, por tanto, cabe a ele a solução assim como se dispõe no artigo 247 do Código Civil de 2002.[118]

De acordo com o artigo 304 do Código Civil de 2002, além do devedor, qualquer pessoa quer interessado quer não interessado na extinção da dívida pode pagá-la. Considera-se interessado quem, de fato, tem interesse jurídico na extinção da dívida, por estar ligado à sua causa ou contemplado na relação jurídica primitiva como fiador, herdeiro, adquirente do imóvel hipotecado, sublocatário etc. Todavia, no citado diploma contemplou-se a hipótese do pagamento feito por terceiro não interessado que paga em nome e à conta do devedor. Logo, poderá também resolver a obrigação terceiras pessoas que não têm interesse jurídico na solução da dívida, agindo por mero ato de bondade, de amizade, amor ou moralidade (diz-se do caso do pai, que paga a dívida do filho capaz, do amigo ou irmão que paga a dívida do devedor insolvente).

O pagamento feito por terceiro tem, de fato, um fundamento lógico, isto porque normalmente o credor tem interesse em receber em pagamento o que espera recebe como resultante de um ato, negócio ou contrato anterior. Daí ser indiferente para ele que a prestação seja realizada pelo devedor ou por terceiro. Tal possibilidade legal também abrange as seguintes hipóteses:

---

118 Art. 247. Incorre na obrigação de indenizar perdas e danos o devedor que recusar a prestação a ele só imposta, ou só por ele exequível.

1) O terceiro não interessado, que paga a dívida em seu próprio nome, tem direito a reembolsar-se do que pagar; mas não se sub-roga nos direitos do credor. (Art. 305 do CC).

2) O terceiro que paga antes de vencida a dívida, só terá direito ao reembolso no vencimento. (Art. 305 do CC: Parágrafo único).

3) O pagamento feito por terceiro, com desconhecimento ou oposição do devedor, não obriga a reembolsar aquele que pagou, se o devedor tinha meios para ilidir a ação (Art. 306 do CC).

4) Só terá eficácia o pagamento que importar transmissão da propriedade, quando feito por quem possa alienar o objeto em que ele consistiu (Art. 307 do CC).

5) Se se der em pagamento coisa fungível, não se poderá mais reclamar do credor que, de boa-fé, a recebeu e consumiu, ainda que o solvente não tivesse o direito de aliená-la (Art. 307: Parágrafo único).

6.4.1.2 Daqueles a quem se deve pagar

É, por meio do conceito *accipiens* que o direito civil tradicional e contemporâneo consideram a possibilidade de que o pagamento deva ser feito ao credor ou a quem de direito o represente, a saber: 1- representante, ex. a) legal: pais, tutores e curadores; b) judicial: nomeado pelo juiz e; c) convencional: mandatário com poderes suficientes para outorgar quitação; 2- herdeiro; 3- legatário; 4- cessionário; 5- sub-rogado etc. Assim, dispõe-se no artigo 308 do Código Civil de 2002: "*O pagamento deve ser feito ao credor ou a quem de direito o represente, sob pena de só valer depois de por ele ratificado, ou tanto quanto reverter em seu proveito*".

Contudo, o destinatário do pagamento, aquele que se diz legitimado a receber, não será só o credor originário (primitivo), mas também aquele que o substitui na titularidade do direito de crédito. Destinatário do pagamento é, em suma, o próprio credor ou o sujeito que em seu lugar, atendendo as possibilidades legais, se sub-roga na época do cumprimento.

O pagamento feito de boa-fé ao credor putativo é válido, ainda provado depois que não era credor. Chama-se de putativo àquele credor *aparente* que recebe ou procura receber o pagamento simulando ser o verdadeiro credor. Coloca-se como exemplo de credor putativo o caso do falso locador ou procurador que se intitula proprietário de um apartamento e o aluga a outrem.

Outras situações contempladas no Código Civil de 2002, completam as seguintes hipóteses:

1) Pagamento feito ao credor incapaz de quitar (Art. 310: "*não vale o pagamento cientemente feito ao credor incapaz de quitar, se o devedor não provar que em benefício dele efetivamente reverteu*").

2) Autorização para receber o pagamento (Art. 311: "*Considera-se autorizado a receber o pagamento o portador da quitação, salvo se as circunstâncias contrariarem a presunção daí resultante*").

3) O pagamento feito apesar do devedor ter sido intimado da penhora (Art. 312: "*Se o devedor pagar ao credor, apesar de intimado da penhora feita sobre o crédito, ou da impugnação a ele oposta por terceiros, o pagamento não valerá contra estes, que poderão constranger o devedor a pagar de novo, ficando-lhe ressalvado o regresso contra o credor*").

6.4.2 Condições objetivas do pagamento

Quanto às condições objetivas do pagamento prefere-se destacar a prestação originária preexistente e devida. Diz-se do objeto da obrigação, já visto como elemento essencial e constitutivo da relação obrigacional, que como referencia constitui o objeto do pagamento.

6.4.2.1 Do objeto do pagamento

Por meio do artigo 313 do Código Civil de 2002 dispõe-se que o credor não é obrigado a receber prestação diversa da que lhe é devida, ainda que mais valiosa. Assim, o devedor só se libera exaurindo o objeto devido e não outro quer desenvolvendo uma ação positiva: dar ou fazer ou negativa: não dar ou não fazer.

Uma defesa ao consentimento e à legalidade pode ser deduzida da análise das seguintes regras:

1. Não pode o credor ser obrigado a receber, nem o devedor a pagar, por partes a prestação, ainda que o seu objeto seja divisível, se assim não se ajustou, isto é, se houver convenção ou acordo expresso. (Artigo 314 do Código Civil de 2002).
2. As dívidas em dinheiro deverão ser pagas no vencimento, em moeda corrente e pelo valor nominal, salvo se verifique convenção do aumento progressivo de prestações sucessivas. (Artigo 315 do Código Civil de 2002).

6.4.2.2 Da prova do pagamento: a quitação

Chama-se de quitação (recibo) a prova que justifica a realização da prestação devida. Trata-se de uma "declaração unilateral escrita, emitida pelo credor, de que a prestação foi efetuada e o devedor fica liberado. É a declaração escrita a que vulgarmente se dá o nome de recibo".[119]

Assim, como se estabelece no artigo 319 do Código Civil de 2002: "*O devedor que paga tem direito a quitação regular, e pode reter o pagamento, enquanto não lhe seja dada*".

Entende-se por quitação, o documento (instrumento) que designará o valor e a espécie da dívida quitada, o nome do devedor, ou quem por este pagou, o tempo e o lugar do pagamento, com a assinatura do credor, ou do seu representante, quitação que terá valor, ainda que não verificados os requisitos anteriores, se de seus termos ou das circunstâncias resultar haver sido paga a dívida. (Artigo 320 do Código Civil de 2002)

Desta forma, a mera exibição do recibo de quitação justifica o pagamento. No entanto, outras regras específicas a respeito da quitação também devem ser observadas:

1. "*Nos débitos, cuja quitação consista na devolução do título, perdido este, poderá o devedor exigir, retendo o pagamento, declaração do credor que inutilize o título desaparecido*". (Artigo 321 do Código Civil de 2002)

2. "*Quando o pagamento for em quotas periódicas, a quitação da última estabelece, até prova em contrário, a presunção de estarem solvidas as anteriores*". (Artigo 322 do Código Civil de 2002)

3. "*Sendo a quitação do capital sem reserva dos juros, estes presumem-se pagos*". (Artigo 323 do Código Civil de 2002).

4. "*A entrega do título ao devedor firma a presunção do pagamento*". (Artigo 324 do Código Civil de 2002).

6.5 Do lugar do pagamento

Efetuar-se-á o pagamento no domicílio do devedor, salvo se as partes convencionarem diversamente, ou se o contrário resultar da lei, da natureza da obrigação ou das circunstâncias.

---

[119] GONÇALVES, Carlos Roberto. *Direito civil brasileiro*. Volume 2: teoria geral das obrigações. São Paulo: Saraiva, 2004, p. 260.

No entanto, designados dois ou mais lugares, cabe ao credor escolher entre eles. (Artigo 327 do Código Civil de 2002).

Ora, quanto ao cumprimento da obrigação, algumas outras regras devem ser observadas:

1. "*Se o pagamento consistir na tradição de um imóvel, ou em prestações relativas a imóvel, far-se-á no lugar onde situado o bem*". (Artigo 328 do Código Civil de 2002).

2. "*Ocorrendo motivo grave para que se não efetue o pagamento no lugar determinado, poderá o devedor fazê-lo em outro, sem prejuízo para o credor*". (Artigo 329 do Código Civil de 2002).

3. "*O pagamento reiteradamente feito em outro local faz presumir renúncia do credor relativamente ao previsto no contrato*". (Artigo 330 do Código Civil de 2002).

4. "*Se o pagamento se houver de fazer por medida, ou peso, entender-se-á, no silêncio das partes, que aceitaram os do lugar da execução*". (Artigo 326 do Código Civil de 2002).

6.6 Do tempo do pagamento

Fala-se do tempo do pagamento como sendo o momento (época) preestabelecido para o cumprimento da obrigação. Não tendo sido ajustada época para o pagamento, salvo disposição legal em contrário, poderá o credor exigi-lo imediatamente. (Artigo 331 do Código Civil de 2002)

Considerem-se assim as diferenças existentes entre as obrigações puras, a termo e as condicionais. As primeiras poderão ser exigidas pelo credor imediatamente, as segundas, no advento do prazo (dia-data) estipulado. Já, as obrigações condicionais cumprem-se na data do implemento da condição, cabendo ao credor a prova de que deste teve ciência o devedor, assim como estabelecido no artigo 332 do Código Civil.

6.7 Formas especiais de pagamento

Ficou claro que pagamento é a forma mais natural de extinção das obrigações. É o ato quer voluntário quer involuntário de extinção que provoca consequência jurídicas, favoráveis e esperadas para o credor e desfavoráveis e indesejadas para o devedor. Ora, o cumprimento e extinção das obrigações podem vir a apresentar efeito indesejado, visto que nem sempre satisfaz o interesse do credor.

As legislações adotam critérios diversos. Enquanto umas contemplam os modos de cumprimento, os modos de extinção, outras tratam os modos extintivos como efeitos.

Todavia, existem formas especiais de pagamento, também denominadas pagamento indireto das obrigações. Eis as formas reconhecidas pela doutrina nacional e internacional.

a) consignação em pagamento;

b) pagamento com sub-rogação;

c) imputação do pagamento;

d) dação em pagamento;

e) novação;

d) compensação;

e) transação;

h) compromisso (arbitragem);

i) confusão;

j) remissão.

Vejamos, separadamente, cada uma dessas formas:

6.7.1 Consignação em pagamento

Vimos que o pagamento nem sempre é um ato pacífico, isto é, aceito ou admitido sem discussão ou oposição. Eis que muitas vezes a não cooperação para o pagamento provém do sujeito credor e não do devedor.

Eis que, durante o pagamento, algumas das seguintes hipóteses ou circunstancias impeditivas, podem, perfeitamente, ser verificadas:

a) se o credor não puder, ou, sem justa causa, recusa-se a receber o pagamento, ou a dar quitação na devida forma (ex. o locatário *X* poderá consignar o valor do alugue, caso o locador *Y* se recuse a receber o valor do aluguel ofertado, por entender que cabe reajuste de acordo com um determinado índice previsto em lei);

b) o credor não recebe, nem mandar receber a coisa no lugar, tempo e condição devidos (ex. caso o credor *A*, no dia do pagamento, não compareça, poderá a coisa ser depositada, extinguindo-se, assim a obrigação de *B*);

c) o credor é incapaz de receber, é desconhecido, declarado ausente, ou reside em lugar incerto ou de acesso perigoso ou difícil (ex. caso *X*, credor de *Y* venha a falecer, desconhecendo-se quem são seus legítimos herdeiros, no dia do vencimento da obrigação a coisa poderá ser depositada);

d) existe dúvida sobre quem deva legitimamente receber o objeto do pagamento (ex. caso dois ou mais sujeitos considerem ter direito sobre a dívida e estejam pleiteando o pagamento de uma prestação em face de *Y*, poderá a coisa ser depositada);

e) se pender litígio sobre o objeto do pagamento (ex. caso vários herdeiros disputam, judicialmente, o direito ao bem locado, o locatário poderá fazer uso do direito ao depósito ou consignação). Veja-se o estabelecido nos artigos 344 e 345 do Código Civil de 2002.[120]

Tais casos caracterizam a chamada "mora do credor" (ou *mora accipiendi*), cabendo-lhe ao devedor se usar de um direito legal que permita a exoneração da dívida evitando assim a chamada "mora do devedor", "depositando judicialmente ou em estabelecimento bancário o valor devido, à disposição do credor, extinguindo-se a obrigação e evitando, ainda, a caracterização da mora".[121]

Para que se proceda à consignação dos bens objeto da obrigação, é necessário que se realize o oferecimento do pagamento aos credores e que disso resultem algumas das condições anteriormente mencionadas. O oferecimento, consiste na declaração de vontade do devedor dirigida ao credor, onde este manifesta sua firme decisão de cumprir a obrigação, no ato ou de imediato[122]. Parece ser esta a razão pela qual a consignação em pagamento, também é chamada por alguns doutrinadores de *oferta real*, consistindo no efetivo oferecimento da *res debita*. Daí não ser suficiente a promessa ou a mera declaração de que a coisa devida se encontra à disposição do credor".[123]

A consignação é, pois, o depósito judicial ou em estabelecimento bancário da coisa devida, nos casos e forma legais, isto é, uma forma de pagamento por meio da qual extingue-se a obrigação, quando se verificam as hipóteses acima descritas, ou seja, quando o credor se recusa a cooperar ou não pode, por estar impossibilitado, incapacitado ou ausente etc. receber a prestação.

Foi observando tais situações que o legislador brasileiro dispôs as seguintes regras:

---

[120] Artigo 344: "*O devedor de obrigação litigiosa exonerar-se-á mediante consignação, mas, se pagar a qualquer dos pretendidos credores, tendo conhecimento do litígio, assumirá o risco do pagamento*".

[121] GAGLIANO, Pablo Stolze; PAMPLONA FILHO, Rodolfo. *Novo curso de direito civil*. São Paulo: Saraiva, 2005, p. 151.

[122] PERAL Collado, Daniel. *Obligaciones y contrato civiles*. MES. La Habana, 1980, p. 198.

[123] SILVA Pereira, Caio Mário de. *Instituições de Direito Civil*. 15. ed. Rio de Janeiro: Forense. Vol. 2.1997, p 137.

- "*Considera-se pagamento, e extingue a obrigação, o depósito judicial ou em estabelecimento bancário da coisa devida, nos casos e forma legais*".

- "*A consignação tem lugar:*
I - se o credor não puder, ou, sem justa causa, recusar receber o pagamento, ou dar quitação na devida forma;
II - se o credor não for, nem mandar receber a coisa no lugar, tempo e condição devidos;
III - se o credor for incapaz de receber, for desconhecido, declarado ausente, ou residir em lugar incerto ou de acesso perigoso ou difícil;
IV - se ocorrer dúvida sobre quem deva legitimamente receber o objeto do pagamento;
V - se pender litígio sobre o objeto do pagamento". (Artigos 334 e 335 do CC de 2002)

Note-se que a consignação em pagamento (ou pagamento por consignação) é uma forma indireta de extinção das obrigações, isto é, um processo por meio do qual o devedor se libera do vínculo obrigacional, efetuando o depósito judicial, naturalmente possível, da prestação devida, caso o credor se recuse a cooperar ou receber o pagamento ou existam motivos impeditivo quer justificados quer injustificados. Destarte, o depósito judicial ou bancário da coisa devida considera-se uma forma de pagamento e extinção da obrigação, nos casos e formas estabelecidos nos artigos 336 a 345 do CC – 02 e arts. 890 a 900 do vigente CPC brasileiro que admite uma fase extrajudicial.

Em princípio, o credor não pode obstaculizar o cumprimento da obrigação, e, se assim ocorrer, procede-se ao pagamento por consignação. Assim, a consignação se nos apresenta como uma faculdade, instrumento que possibilita a liberação do devedor perante a *mora accipiendi*, perante o não cumprimenta que pode vir a ser causado pelo credor. Contudo, a mora do credor pode ser vista como uma causa do descumprimento das obrigações, justificando-se assim o depósito (ou consignação), quando evidenciada um possível estado indefenso dos devedores.

A consignação como forma de pagamento não opera arbitrariamente. É um ato que deverá reunir as mesmas condições do cumprimento direto. Portanto, lança-se mão das regras do pagamento, assinalando-se a identidade, integridade e indivisibilidade das prestações. Assim, para que a consignação tenha força de pagamento, será mister concorram, em relação às pessoas, ao objeto, modo e tempo, todos os requisitos sem os quais não é válido o pagamento (artigo 336 do CC de 2002).

Em ralação às pessoas, a consignação deverá ser feita pelo devedor, ou quem o represente, em face do alegado credor, sob pena de não ser considerado válido, salvo por este u se reverter em seu proveito, na forma dos arts. 304 e 308 do CC-02 (arts. 930). Em relação ao objeto, o pagamento deve ser feito na integralidade, uma vez que o credor não está obrigado a aceitar pagamento parcial (veja-se o disposto no art. 899 do CPC). Quanto ao modo, deve ser cumprida a obrigação da mesma maneira como foi concebida originalmente (ex. *A* não poderá consignar em prestações ou parcelas diversas se antes se comprometeu a pagar à vista).[124]

Quanto ao tempo, deve se observada a época ou período pactuado. Em relação ao lugar, o depósito requerer-se-á no lugar do pagamento, cessando, tanto que se efetue, para o depositante, os juros da dívida e os riscos, salvo se for julgado improcedente (artigo 337 do CC de 2002).

Outras importantes regras foram criadas para responder às seguintes hipóteses:

1- Possibilidade do levantamento do depósito antes da sua aceitação ou impugnação. Exemplos:

> - "*Enquanto o credor não declarar que aceita o depósito, ou não o impugnar, poderá o devedor requerer o levantamento, pagando as respectivas despesas, e subsistindo a obrigação para todas as consequências de direito*". (Art. 338 do CC de 2002).
>
> - "*Julgado procedente o depósito, o devedor já não poderá levantá-lo, embora o credor consinta, senão de acordo com os outros devedores e fiadores*". (Art. 339 do CC de 2002)
>
> - "*O credor que, depois de contestar a lide ou aceitar o depósito, aquiescer no levantamento, perderá a preferência e a garantia que lhe competiam com respeito à coisa consignada, ficando para logo desobrigados os co-devedores e fiadores que não tenham anuído*". (Art. 340 do CC de 2002)

2- A consignação de imóvel ou coisa certa e de coisa indeterminada ou incerta.

> - "*Se a coisa devida for imóvel ou corpo certo que deva ser entregue no mesmo lugar onde está, poderá o devedor citar o credor para vir ou mandar recebê-la, sob pena de ser depositada*". (Art. 341 do CC de 2002)
>
> - "*Se a escolha da coisa indeterminada competir ao credor, será ele citado para esse fim, sob cominação de perder o direito e de ser depositada a coisa que o devedor escolher; feita a escolha pelo devedor, proceder-se-á como no artigo antecedente*". (Art. 342 do CC de 2002). Veja-se igualmente o artigo 894 do CPC.

3- Despesas processuais para o processo judicial de consignação em pagamento.

> - "*As despesas com o depósito, quando julgado procedente, correrão à conta do credor, e, no caso contrário, à conta do devedor*". (Art. 343 do CC de 2002)

---

[124] GAGLIANO, Pablo Stolze; PAMPLONA FILHO, Rodolfo. *Novo curso de direito civil*. São Paulo: Saraiva, 2005, p. 156-157.

4- Prestações periódicas (exs. alimento, aluguel, financiamento habitacional ou veículos etc).

> - "*Tratando-se de prestações periódicas, uma vez consignada a primeira, pode o devedor continuar a consignar, no mesmo processo e sem mais formalidades, as que se forem vencendo, desde que os depósitos sejam efetuados até 5 (cinco) dias, contados da data do vencimento*". (Artigo 892 do CPC)

A essência desse pagamento é a continuação do depósito dos bens, o qual tem caráter legal, regulado no Brasil pelas disposições dos artigos 890/900 do Código de Processo Civil, fixando-se que o pagamento por consignação deve ser sempre judicial, uma vez ocorrida a mora *creditoris*, com exceção do pagamento em dinheiro, cujo depósito em favor do credor poderá ser realizado à disposição deste, em estabelecimento bancário, precedentemente ao mencionado depósito judicial.

Todavia, em função das profundas modificações do Código de Processo Civil, criou-se um procedimento extrajudicial como o intuito de aliviar o Poder Judiciário de mais uma quantidade de demandas que têm como causa pagamento em consignação. Por exemplo, o artigo 1º da Lei n. 8.951/94, sem modificar o *caput* do art. 890 do CPC, acrescentou-lhe uma inovação para o Direito Positivo brasileiro[125]. Trata-se da possibilidade do depósito bancário quando a obrigação consista na entrega de dinheiro (obrigações pecuniárias). Assim:

> - "*Tratando-se de obrigação em dinheiro, poderá o devedor ou terceiro optar pelo depósito da quantia devida, em estabelecimento bancário oficial, onde houver, situado no lugar do pagamento, em conta com correção monetária, cientificando-se o credor por carta com aviso de recepção, assinado o prazo de 10 (dez) dias para a manifestação de recusa*". (§ 1º do artigo 890 do CPC)
>
> - "*Decorrido o prazo referido no pagamento anterior, sem a manifestação da recusa, reputar-se-á o devedor liberado da obrigação, ficando à disposição do credor a quantia depositada*". (§ 2º do artigo 890)

Veja-se que a regra acima trata das obrigações pecuniárias e não da consignação de coisa para a qual continuará sendo a via judicial a considerada correta.

Em suma, realizada a consignação (aceita pelos credores), cumprindo-sc as exigências legais, adquire a condição de definitiva e irrevogável, restando liberado o devedor de toda a responsabilidade.

---

[125] GAGLIANO, Pablo Stolze; PAMPLONA FILHO, Rodolfo. *Novo curso de direito civil*. São Paulo: Saraiva, 2005, p. 163-164.

6.7.2 Pagamento com sub-rogação

Define-se a sub-rogação como sendo o ato pelo qual se verifica a substituição duma pessoa (sub-rogação subjetiva) ou coisa (sub-rogação objetiva) por outra, na mesma relação jurídica ou como a transferência das qualidades jurídicas de uma coisa para outra que pertence ao mesmo patrimônio.

Para Arnoldo Wald a sub-rogação é a substituição de uma pessoa ou de uma coisa por outra pessoa ou coisa, numa relação jurídica. É pessoal quando há substituição de pessoas e real quando há substituição de coisas[126]. É, por meio da sub-rogação, ora vista como uma forma de pagamento, que se transfere a terceiras pessoas os direitos do credor, que logo serão exercitados contra o devedor (caso do pagamento é oneroso). Diz-se de uma instituição que protege o terceiro que paga.

No pagamento por sub-rogação, "dois pontos ficam fora de qualquer dúvida: de um lado, o efeito da realização do direito do credor; de outro, a subsistência, com plena vida, da obrigação do devedor. Por isso, controvertida é a sua natureza jurídica. Opinião bem difundida qualifica-se como cessão de crédito. Entretanto as duas figuras afastam-se em muitos pontos substanciais. A sub-rogação pressupõe um adimplemento da dívida por terceiro e sua aplicação só pode ocorrer dentro nos limites da possibilidade deste adimplemento, enquanto que a cessão pressupõe um preço determinado pela lei da oferta e da procura".[127]

Ocorre pagamento com sub-rogação quando, por exemplo: *C* (ex. terceiro interessado ou fiador) paga a dívida de *B* (devedor), sub-rogando-se nos direitos do credor *A* (credor primitivo), extinguindo-se, assim, o vínculo jurídico anterior que existia entre *A* e *B*, constituindo-se, ora, um novo vínculo entre *C* (novo credor ou credor principal) e *B* que continua a ser devedor.

Observe-se que o pagamento realizado por *C* em lugar do devedor *B* constitui um modo especial de cumprimento da obrigação. Este se produz pela sub-rogação de *C* no lugar de *B* (devedor primitivo) e de *A* (credor primitivo). Logo, como efeito desse pagamento, *C* (terceira pessoa que paga) extingue a dívida pré-existente entre *A* e *B*, produzindo-se, como consequência disso, as seguintes situações:

---

[126] WALD, Arnoldo. *Obrigações e Contratos*. 12. ed. São Paulo: Rt, 1995, p. 100.

[127] SERPA Lopes, Miguel Maria de. *Curso de Direito Civil*. Vol. II. 6. ed. Rio de Janeiro: Freitas Bastos, 1995, p. 208.

1- *C*, objetivando o pagamento de dívida, se situa no lugar do devedor *B*, afastando-o da relação jurídica obrigacional primitiva. Assim, a sub-rogação opera-se, de pleno direito, em favor, por exemplo: a) do credor que paga a dívida do devedor comum; b) do adquirente do imóvel hipotecado, que paga a credor hipotecário, bem como do terceiro que efetiva o pagamento para não ser privado de direito sobre imóvel e; c) do terceiro interessado, que paga a dívida pela qual era ou podia ser obrigado, no todo ou em parte. (Artigo 346 do Código Civil de 2002).

2- Uma vez extinta a dívida primitiva em face do credor *A*, caso seja oneroso o pagamento, *C* se situa em seu lugar para exigir o reembolso. Isto, porque a sub-rogação transfere ao novo credor todos os direitos, ações, privilégios e garantias do primitivo, em relação à dívida, contra o devedor principal e os fiadores. (Artigo 349 do Código Civil de 2002).

3- Logo, extingue-se a dívida originária entre *A* e *B*, mas toma vida uma nova relação obrigacional entre *B* (devedor principal) e *C* (novo credor). O credor originário, só em parte reembolsado, terá preferência ao sub-rogado, na cobrança da dívida restante, se os bens do devedor não chegarem para saldar inteiramente o que a um e outro dever. (Artigo 351 do Código Civil de 2002).

A sub-rogação nasceu da instituição romana do *beneficium cedendarus actionum*, tendo alguma semelhança com a cessão de crédito, embora não sejam idênticas. Se bem existe relação entre tais institutos jurídicos, pede-se para não confundir o pagamento com sub-rogação com a cessão de créditos, assunto que, em próximos capítulos, será abordado.

Em verdade, "esses institutos guardam pontos de contato, uma vez que a própria lei, na hipótese de sub-rogação convencional, manda sejam aplicados os dispositivos da cessão de crédito (artigo 348 do Código Civil de 2002)".[128]

6.7.2.1 Espécies

O pagamento com sub-rogação pode ser *legal* ou *convencional*. A sub-rogação legal tem como origem o comando legal, verificando-se as hipóteses já citadas, a saber:

---

[128] GAGLIANO, Pablo Stolze; PAMPLONA FILHO, Rodolfo. *Novo curso de direito civil*. São Paulo: Saraiva, 2005, p. 183.

a) em caso do credor que paga a dívida do devedor comum (artigo 346, inciso I do Código Civil de 2002);

b) em favor do adquirente do imóvel hipotecado, que paga a credor hipotecário, bem como do terceiro que efetiva o pagamento para não ser privado de direito sobre imóvel (artigo 346, inciso II do Código Civil de 2002);

c) em favor do terceiro interessado, que paga a dívida pela qual era ou podia ser obrigado, no todo ou em parte (artigo 346, inciso III do Código Civil de 2002).

Todavia, por meio desta forma de pagamento poder vir a se extinguir a dívida em forma total ou parcial, de acordo com o compromisso de pagamento, pois o terceiro que paga pode-se comprometer a menos, mas não a mais, no cumprimento das obrigações do devedor. Assim, dispõe o legislador brasileiro: "*Na sub-rogação legal o sub-rogado não poderá exercer os direitos e as ações do credor, senão até à soma que tiver desembolsado para desobrigar o devedor*". (Artigo 350 do Código Civil de 2002)

A sub-rogação é convencional quando decorre da vontade das partes, verificando-se as seguintes hipóteses:

a) quando o credor recebe o pagamento de terceiro e expressamente lhe transfere todos os seus direitos. Nesta hipótese vigora o disposto nos artigos 286 a 298 quanto à cessão do crédito, assim como se dispõe no artigo 348 do Código Civil de 2002;

b) quando terceira pessoa empresta ao devedor a quantia precisa para solver a dívida, sob a condição expressa de ficar o mutuante sub-rogado nos direitos do credor satisfeito. (Artigo 347 do Código Civil de 2002).

6.7.3 Imputação do pagamento

Tecnicamente a imputação em pagamento é uma forma de extinguir um débito subsistente junto a dois ou mais débitos, positivos, vencidos, de idêntica natureza e devidos a um só credor. É uma forma especial de cumprimento que exige a presença de uma pluralidade de débitos da mesma espécie e em relação a um mesmo credor.

Contudo, dá-se a presente forma de pagamento em obrigação *única* (ou unipessoal), isto é, obrigação que, como visto, contempla um só sujeito ativo (um só credor) em face de um só sujeito passivo (um só devedor) e em obrigação *complexa* ou *compostas* de mais de um débito. Trata-se, contudo, de um meio indicativo de pagamento, do que propriamente um modo de executar o adimplemento, pois, por meio dela o devedor designa a dívida que pretende solver.

Destarte, o legislador brasileiro previu no artigo 352 do Código Civil de 2002 a seguinte hipótese: "*A pessoa obrigada por dois ou mais débitos da mesma natureza, a um só credor, tem o direito de indicar a qual deles oferece pagamento, se todos forem líquidos e vencidos*". Nesta forma de indicar o pagamento, observam-se, os seguintes requisitos:

a) presença de um devedor em face de um credor;

b) presença de dois ou mais débitos da mesma natureza (líquidos e vencidos);

c) que inexista preferência entre as dívidas.

Vejamos o seguinte exemplo:

Como resultante de um contrato *B* deve a *A*: 1- R$ 20. 000,00 e; 2. Um carro (o km da marca X, avaliado em R 20. 000,00), sendo ambas as dívidas líquidas e vencidas. Assim, cabe a *B*, ao efetuar o pagamento de R$ 20. 000, 00, imputar o valor pago em qualquer das dívidas, especificando qual dos débitos deverá ser solvido em primeiro lugar.

A doutrina nacional, afirma Serpa Lopez[129], observa três modos de imputação em pagamento:

a) por vontade do devedor, mediante indicação de qual dos débitos deseja que o pagamento opere os seus efeitos;

b) por indicação do credor, se o devedor não usa da sua prerrogativa de indicar;

c) por força da lei, se nem o credor nem o devedor fazem a indicação do débito a ser extinto.

É observado tais possibilidades que o legislador brasileiro considerou oportuno regulamentar o seguinte:

Primeiro, "*não tendo o devedor declarado em qual das dívidas líquidas e vencidas quer imputar o pagamento, se aceitar a quitação de uma delas, não terá direito a reclamar contra a imputação feita pelo credor, salvo provando haver ele cometido violência ou dolo*". (Artigo 353 do Código Civil de 2002).

---

[129] SERPA Lopes, Miguel Maria de. *Curso de Direito Civil.* Vol. II. 6. ed. Rio de Janeiro: Freitas Bastos, 1995, p. 224.

Segundo, "*havendo capital e juros, o pagamento imputar-se-á primeiro nos juros vencidos, e depois no capital, salvo estipulação em contrário, ou se o credor passar a quitação por conta do capital*". (Artigo 354 do Código Civil de 2002).

Terceiro, "*se o devedor não fizer a indicação do art. 352, e a quitação for omissa quanto à imputação, esta se fará nas dívidas líquidas e vencidas em primeiro lugar. Se as dívidas forem todas líquidas e vencidas ao mesmo tempo, a imputação far-se-á na mais onerosa*". (Artigo 355 do Código Civil de 2002).

6.7.4 Dação em pagamento

A dação em pagamento (*datio in solutum*) é uma forma especial de pagamento que admite a entrega de coisa diversa daquela convencionada. Diz-se do pagamento de dívida que admite a entrega de coisa distinta da devida.

Ora, se bem, "*o credor não é obrigado a receber prestação diversa da que lhe é devida, ainda que mais valiosa*" (artigo 313 do Código Civil de 2002), é possível que, mediante acordo entre as partes, por meio da entrega ou a realização de uma prestação diferente da que e devida se extinga a obrigação anterior. Daí, havendo consentimento, pode-se dar em pagamento, por exemplo, dinheiro, em substituição da prestação que devida. Assim, se estabelece no Código Civil de 2002 (artigo 356): "*O credor pode consentir em receber prestação diversa da que lhe é devida*".

Vejamos o seguinte exemplo: O credor *A* concorda em aceitar que o devedor *B* pague a quantia de R$ 20. 000,00, solvendo, assim, a dívida anterior que consistia na entrega de um carro ou a execução de um serviço.

Como se observa, por meio deste instituto o devedor pode objetivamente extinguir a dívida entregando e transmitindo a propriedade de coisa distinta daquela que foi anteriormente convencionada. Nesta hipótese, determinado o preço da coisa dada em pagamento, as relações entre as partes regular-se-ão pelas normas do contrato de compra e venda. (Artigo 357 do Código Civil de 2002).

Note-se que a obrigação primitiva não precisa ser, necessariamente, pecuniária. Pouco importa se for inicialmente pactuada obrigação de dar, de fazer ou de não fazer. O que realmente interessa é a natureza diversa da nova prestação. Ressalta-se, todavia que a dação em pagamento não se confunde com a pluralidade de prestações existente nas obrigações e *alternativas*, haja vista que, nestas, a diversidade de prestações está prevista no próprio título da obrigação (p. ex.: nos termos do contrato, eu me obrigo a entregar um imóvel ou dez mil reais). Da mesma forma, não é idêntica às obrigações facultativas, porque aqui também existe prévia estipulação negocial da prestação subsidiária (p. ex.: nos termos do contrato, eu me obrigo a entregar um imóvel, sendo facultada, em caráter subsidiário, e ao meu critério, a entrega de dez mil reais). Assim, diferentemente, na dação em pagamento, estipula-se uma prestação (a entrega de dez mil reais), e, ulteriormente, por meio de uma nova estipulação negocial entre devedor e credor, este aceita liberá-lo, recebendo, por exemplo, em troca do dinheiro, um imóvel.[130]

Ora, a extinção das obrigações por meio desse modo de pagamento sempre é total, independentemente do valor do bem entregue, seja ele maior ou menor que a obrigação preexistente.

No código também se verificam as seguintes hipóteses:

a) "*Se for título de crédito a coisa dada em pagamento, a transferência importará em cessão*". (Artigo 358 do Código Civil de 2002).

b) "*Se o credor for evicto da coisa recebida em pagamento, restabelecer-se-á a obrigação primitiva, ficando sem efeito a quitação dada, ressalvados os direitos de terceiros*". (Artigo 359 do Código Civil de 2002).

6.7.5 Novação

O vocábulo *novação* pode significar: "conversão duma dívida em outra para extinguir a primeira, quer mudando o objeto da prestação (*novação objetiva*), quer substituindo o credor ou o devedor por terceiros (*novação subjetiva*)".

Do ponto de vista jurídico a novação representa um modo de extinção de obrigações quando, por meio de um novo nexo jurídico se extingue o preexistente. Diz-se do câmbio de uma obrigação por outra, mediante um ato jurídico que extingue e cria novas obrigações.

Vejamos o seguinte exemplo:

B, devedor, propõe a *A*, credor, que seja criada uma nova obrigação, substituindo o objeto da prestação de dar R$ 10. 000,00, pelo objeto de uma prestação de fazer (reparação de

---

[130] GAGLIANO, Pablo Stolze; PAMPLONA FILHO, Rodolfo. *Novo curso de direito civil*. São Paulo: Saraiva, 2005, p. 196.

um dado aparelho de som). Assim, o credor aceita, considerando-se como extinta a obrigação anterior, ora substituída pela a execução de um serviço.

A novação como forma especial de pagamento não opera como mera substituição do direito de crédito pelo câmbio operado em um dos elementos constitutivos ou acessórios da obrigação. "Dá-se a novação quando, por meio de uma estipulação negocial, as partes criam uma nova obrigação, destinada a substituir e extinguir a obrigação anterior".[131]

Trata-se, pois, de um ato que visa substituir uma obrigação existente por outra nova, criando-se, assim, um novo vínculo obrigacional que extingue o anterior total ou parcialmente. É a novação um ato de eficácia complexa que se baseia em uma vontade dirigida a extinguir um crédito, criando outro novo, sendo decisiva a vontade do credor da primitiva obrigação, para o qual a nova obrigação funciona como cumprimento da primeira.

Vale destacar que, "dentre os modos de extinção das obrigações, a novação assume relevo particular em razão de sua estrutura e função. Por ter sido o meio exclusivo para a mudança no lado passivo da relação obrigacional, era importante processo técnico, mas seu prestígio decresceu consideravelmente em virtude dos novos institutos da transmissão ativa ou passiva das obrigações".[132]

Para que exista a novação devem existir as seguintes condições ou requisitos:

a) que preexista uma obrigação anterior ou primitiva;

b) que a obrigação primitiva se extinga por uma nova obrigação substancialmente diversa da primeira;

c) que se modifique o objeto ou as circunstâncias principais;

d) que exista respaldo legal para produzir o ato;

e) que realmente exista a intenção ou ânimo (*animus novandi*) entre as partes.

6.7.5.1 Espécies

A novação pode ser:

a) *Objetiva*, espécie ou modalidade que se verifica com o câmbio do objeto ou condições principais da obrigação. Assim, por exemplo, dá-se novação objetiva "*quando o devedor contrai com o credor nova dívida para extinguir e substituir a anterior*" (Artigo 360, inciso I do Código Civil de 2002).

---

131 GAGLIANO, Pablo Stolze; PAMPLONA FILHO, Rodolfo. *Novo curso de direito civil*. São Paulo: Saraiva, 2005, p. 202.

132 GOMES, Orlando. *Obrigações*. 11. ed. Rio de Janeiro: Forense, 1997, p. 135.

b) *Subjetiva*, espécie ou modalidade que se verifica com a troca de sujeitos quer devedores quer credores. Desta forma, existirá novação "*quando novo devedor sucede ao antigo, ficando este quite com o credor*" ou "quando, em virtude de obrigação nova, outro credor é substituído ao antigo, ficando o devedor quite com este". (Artigo 360, inciso II e III do Código Civil de 2002).

Fala-se, ainda de uma novação mista quando, além da alteração de sujeito (credor ou devedor), muda-se o conteúdo ou o objeto da relação obrigacional.[133]

6.7.5.2 Efeitos

A novação tem como efeito principal a extinção de uma relação jurídica obrigacional anterior, por meio de uma nova relação também obrigacional. Contudo, visando regulamentar os efeitos desta forma especial de pagamento ou extinção das obrigações, o legislador brasileiro decidiu considerar as seguintes hipóteses:

1- Existência ou não da intenção ou ânimo de novar. Assim, por exemplo, dispõe-se: "*Não havendo ânimo de novar, expresso ou tácito mas inequívoco, a segunda obrigação confirma simplesmente a primeira*" (Art. 361 do Código Civil de 2002).

2- Do consentimento caso de novação por substituição do devedor. Assim, por exemplo, "*A novação por substituição do devedor pode ser efetuada independentemente de consentimento deste.* (Art. 362 do Código Civil de 2002).

3- Da ação regressiva contra o credor primitivo, caso de insolvência do novo devedor. Assim, dispõe-se: "*Se o novo devedor for insolvente, não tem o credor, que o aceitou, ação regressiva contra o primeiro, salvo se este obteve por má-fé a substituição*". (Art. 363 do Código Civil de 2002).

---

[133] GAGLIANO, Pablo Stolze; PAMPLONA FILHO, Rodolfo. *Novo curso de direito civil.* São Paulo: Saraiva, 2005, p. 211.

4- Extinção das garantias e acessórios da divida pela novação. Dispõe-se: "*A novação extingue os acessórios e garantias da dívida, sempre que não houver estipulação em contrário. Não aproveitará, contudo, ao credor ressalvar o penhor, a hipoteca ou a anticrese, se os bens dados em garantia pertencerem a terceiro que não foi parte na novação*". (Art. 364 do Código Civil de 2002).

5- Efeito da novação entre o credor e devedores solidários. Estabelece-se: "*Operada a novação entre o credor e um dos devedores solidários, somente sobre os bens do que contrair a nova obrigação subsistem as preferências e garantias do crédito novado. Os outros devedores solidários ficam por esse fato exonerados*". (Art. 365 do Código Civil de 2002).

6- Exoneração do fiador caso a novação seja feita sem seu consenso com o devedor principal. Dispõe-se: "*Importa exoneração do fiador a novação feita sem seu consenso com o devedor principal*". (Art. 366 do Código Civil de 2002).

7- Das obrigações nulas ou extintas como objeto de novação. Dispõe-se: "*Salvo as obrigações simplesmente anuláveis, não podem ser objeto de novação obrigações nulas ou extintas*". (Art. 367 do Código Civil de 2002).

6.7.6 Compensação

No tema da classificação das obrigações vimos que, quanto ao vínculo, as obrigações podem ser *unilaterais* (quando envolvem um único vínculo obrigatório) e *bilaterais* ou *recíprocas* (aquelas onde existe pluralidade de vínculos obrigatórios), onde as partes se obrigam reciprocamente umas em face das outras, do que resulta a presença de credores e devedores em um e em outro lado da relação, quer dizer, onde os sujeitos são, reciprocamente, ativos e passivos (credores e devedores).

Afirma-se que: "nessa situação de relação creditícia e debitória simultânea é que pode ser invocado o instituto da compensação, forma de extinção de obrigações, em que seus titulares são, reciprocamente, credores e devedores"[134]. Assim, "*se duas pessoas forem ao mesmo tempo credor e devedor uma da outra, as duas obrigações extinguem-se, até onde se compensarem*". (Art. 368 do Código Civil de 2002).

---

[134] GAGLIANO, Pablo Stolze; PAMPLONA FILHO, Rodolfo. *Novo curso de direito civil.* São Paulo: Saraiva, 2005, p. 215.

Nesse sentido, o pagamento por compensação ou "compensação" pode ser definido como o modo de extinguir créditos recíprocos. Constitui aplicação, no campo do direito, daquele princípio de economia, que exige, para maior facilidade das trocas, se efetue com a menor circulação possível de moeda. A compensação ostenta, ainda, outras vantagens. Através dela evita-se risco oriundo de eventual insolvência. Além disso, pela compensação, obtém-se sensível economia de tempo e dinheiro.[135]

Vejamos os seguintes exemplos:

1. Se *B* tem uma dívida de R$ 5.000,00 com *A* e *A* também tem uma dívida de R$ 5.000,00 com *B*, tais obrigações, obviamente, se extinguem totalmente, sem necessidade de pagamento algum.

2. Se *B* tem uma dívida de R$ 5.000,00 com *A* e *A* também tem uma dívida de R$ 10.000,00 com *B*, a extinção da dívida é parcial.

3. Antonio Bento ajuizou ação de despejo por falta de pagamento cumulada com cobrança contra José da Silva, postulando 3 meses de alugueres em atraso. O réu contestou e juntou documentos comprovando que Antonio Bento lhe devia importância correspondente a 24 alugueres daqueles, decorrentes de benfeitorias necessárias realizadas no imóvel locado, pleiteando a compensação até o limite dos alugueres em atraso – até porque o próprio locador concordara com elas.

A extinção por compensação pode vir a ser total ou parcial, segundo sejam dívidas iguais ou desiguais. Daí a compensação de dívidas iguais tem como efeito a extinção total da relação obrigacional. Por outro lado, a compensação de dívidas desiguais provoca a extingue parcial da relação em questão.

Na doutrina nacional e estrangeira encontramos três espécies de compensação, a saber[136]:

a) *Legal*, compensação que se produz conforme os diversos requisitos legais;

---

[135] MONTEIRO, Washington de Barros. *Curso de Direito Civil - Direito das Obrigações*. 1ª Parte. 26. ed. São Paulo: Saraiva, 1993. v. 4, p. 299.

[136] GAGLIANO, Pablo Stolze; PAMPLONA FILHO, Rodolfo. *Novo curso de direito civil*. São Paulo: Saraiva, 2005, p. 216.

b) *Convencional*, compensação que se produz em decorrência da vontade das partes, sendo possível compensar dívidas ou obrigações de natureza diversas (dar e fazer), possibilidade que não se verifica no caso da compensação legal. Não haverá, no entanto, compensação quando as partes, por mútuo acordo, a excluírem, ou no caso de renúncia prévia de uma delas. (Art. 375 do Código Civil de 2002). A compensação convencional supõe atos jurídicos celebrados dos quais nascem credores recíprocos.

c) *Judicial* (ou processual), compensação realizada em juízo com base ou fundamento na seguinte regra processual: "*Se cada litigante for em parte vencedor e vencido, serão recíproca e proporcionalmente distribuídos e compensados entre eles os honorários e as despesas*". (Art. 21 do CPC).

6.7.7 Requisitos da compensação legal

De acordo o estabelecido no artigo 369 do Código Civil de 2002 "*a compensação efetua-se entre dívidas líquidas, vencidas e de coisas fungíveis*". Assim, o regime legal vigente admite a compensação das dívidas sempre que se verifiquem os seguintes requisitos:

a) existência de obrigações recíprocas;

b) dívidas líquidas;

c) dívidas exigíveis;

d) débitos fungíveis (ex. consistentes em dinheiro ou em coisa fungíveis, de igual espécie e qualidade). Ora, assim como estabelecido no artigo 370 do Código Civil de 2002, "*embora sejam do mesmo gênero as coisas fungíveis, objeto das duas prestações, não se compensarão, verificando-se que diferem na qualidade, quando especificada no contrato*".

O fundamento desse instituto parece ser a possibilidade (legal ou voluntária) que têm as partes de poder equilibrar dívidas recíprocas, liquidas, exigíveis e fungíveis, sendo inútil o pagamento efetuado pelo devedor quando o credor também deve pagar-lhe.

A doutrina estrangeira, igualmente, coloca como requisitos: 1) que as dívidas sejam exigíveis, vencidas e líquidas (compensáveis); 2) que não exista ônus ou litígios sobre as dívidas e; 3) que as disposições legais vigentes reconheçam e autorizem a compensação como forma de pagamento.

6.7.7.1 Da impossibilidade de compensação

A compensação é legalmente impossível em alguns casos, a saber:

1) quando as dívidas provêm de ato ilícito, tais como, esbulho, furto ou roubo. (Artigo 373, inciso I do Código Civil de 2002).

2) quando as dívidas se originar de comodato, depósito ou alimentos, por derivarem de relações jurídicas com objeto certo e determinado, não fungível. (Artigo 373, inciso II do Código Civil de 2002).

3) quando uma das dívidas for de coisa não suscetível de penhora. (Artigo 373, inciso III do Código Civil de 2002).

Outras importantes hipóteses caracterizam o instituo como uma forma especial de pagamento e extinção das obrigações, tais são:

- Possibilidade do fiador de compensar sua dívida, como visto no artigo 371 do Código Civil de 2002: "*O devedor somente pode compensar com o credor o que este lhe dever; mas o fiador pode compensar sua dívida com a de seu credor ao afiançado*".

- A existência de dívidas impagáveis no mesmo lugar. (Artigo 378 do Código Civil de 2002): "*Quando as duas dívidas não são pagáveis no mesmo lugar, não se podem compensar sem dedução das despesas necessárias à operação*".

- A necessária observação das regras estabelecidas quanto à imputação do pagamento, caso seja a mesma pessoa obrigada por várias dívidas compensáveis. (Art. 379 do Código Civil de 2002).

6.7.7 Transação

A transação como forma de pagamento e de extinção das obrigações opera caso exista controvérsia sobre determinada relação jurídica. Nesse caso, "as partes envolvidas, em vez de aguardar um pronunciamento judicial, podem decidir pôr termo ao conflito, mediante concessões recíprocas"[137]. É uma espécie de combinação, ajuste, pacto ou ato jurídico, por meio do qual as partes decidem dar por pagada ou extinguida a obrigação. Assim, por exemplo, se *B* deve a *A* R$ 1.000,00, mas também considera ser, por algum motivo credor de *A*, ambos podem acordar extinguir, por consenso, a dívida entregando e aceitando uma determinada quantia diferente da inicialmente considerada.

Note-se que a transação não foi mais privilegiada pela legislação brasileira (Código Civil de 2002) como forma especial de extinção de obrigações. Mas, acreditamos importante sua abordagem doutrinária por estar frequentemente sendo contemplada no regime de contratação civil e por existir regra jurídica prescrevendo tal possibilidade, assim como se observa no artigo 840: "*É lícito aos interessados prevenirem ou terminarem o litígio mediante concessões mútuas*".

Eis aí que, para reconhecer a existência de uma transação, os seguintes elementos constitutivos[138] deverão ser verificados:

a) *acordo entre as partes*, pois a transação é um ato jurídico bilateral (isto é, voluntário).

b) *relação jurídica controvertida (conflito)*, sendo nula a transação a respeito do litígio decidido por sentença passada em julgado, se dela não tinha ciência algum dos transatores, ou quando, por título ulteriormente descoberto, se verificar que nenhum deles tinha direito sobre o objeto da transação. (Art. 850 do Código Civil de 2002).

c) intenção ou "*ânimus*" de extinguir obrigações, sendo um ato jurídico sério que produz um efeito tutelado pelo direito.

d) concessões recíprocas evitando-se posteriores reclamos.

---

[137] GAGLIANO, Pablo Stolze; PAMPLONA FILHO, Rodolfo. *Novo curso de direito civil*. São Paulo: Saraiva, 2005, p. 225.

[138] GAGLIANO, Pablo Stolze; PAMPLONA FILHO, Rodolfo. *Novo curso de direito civil*. São Paulo: Saraiva, 2005, p. 225-226.

Vale destacar o caráter volitivo como condição determinante desta forma de extinção de obrigações.

Além das já citadas, outras importantes regras merecem comentários, por caracterizarem:

1- *A licitude da transação*. Ex. "*É lícito aos interessados prevenirem ou terminarem o litígio mediante concessões mútuas*". (Art. 840 do Código Civil de 2002).

2- *A natureza contratual da transação*, pois é, por acordo (vontade) das partes que pode vir a resultar o perecimento de obrigações. Desta forma, "*a transação só se anula por dolo, coação, ou erro essencial quanto à pessoa ou coisa controversa*". (Art. 849 do Código Civil de 2002).

3- *O objeto da transação*. Ex. "*Só quanto a direitos patrimoniais de caráter privado se permite a transação*". (Art. 841 do Código Civil de 2002).

4- *A forma da transação*. Ex. "*A transação far-se-á por escritura pública, nas obrigações em que a lei o exige, ou por instrumento particular, nas em que ela o admite; se recair sobre direitos contestados em juízo, será feita por escritura pública, ou por termo nos autos, assinado pelos transigentes e homologado pelo juiz*". (Art. 842 do Código Civil de 2002).

5- *Interpretação e efeitos da transação*. Exemplos,

- "*A transação interpreta-se restritivamente, e por ela não se transmitem, apenas se declaram ou reconhecem direitos*". (Art. 843 do Código Civil de 2002).

- "*A transação não aproveita, nem prejudica senão aos que nela intervierem, ainda que diga respeito a coisa indivisível.*

§ 1º Se for concluída entre o credor e o devedor, desobrigará o fiador.

§ 2º Se entre um dos credores solidários e o devedor, extingue a obrigação deste para com os outros credores.

§ 3º Se entre um dos devedores solidários e seu credor, extingue a dívida em relação aos co-devedores". (Art. 844 do Código Civil de 2002).

- "*Dada a evicção da coisa renunciada por um dos transigentes, ou por ele transferida à outra parte, não revive a obrigação extinta pela transação; mas ao evicto cabe o direito de reclamar perdas e danos.*
Parágrafo único. Se um dos transigentes adquirir, depois da transação, novo direito sobre a coisa renunciada ou transferida, a transação feita não o inibirá de exercê-lo". (Art. 845 do Código Civil de 2002).

- "*A transação concernente a obrigações resultantes de delito não extingue a ação penal pública*". (Art. 846 do Código Civil de 2002).

- "*É admissível, na transação, a pena convencional*". (Art. 847 do Código Civil de 2002).

- "*Sendo nula qualquer das cláusulas da transação, nula será esta.*
Parágrafo único. Quando a transação versar sobre diversos direitos contestados, independentes entre si, o fato de não prevalecer em relação a um não prejudicará os demais". (Art. 848 do Código Civil de 2002).

- "*É nula a transação a respeito do litígio decidido por sentença passada em julgado, se dela não tinha ciência algum dos transatores, ou quando, por título ulteriormente descoberto, se verificar que nenhum deles tinha direito sobre o objeto da transação*". (Art. 850 do Código Civil de 2002).

6.7.8 Compromisso (arbitragem)

Igualmente observo que o *compromisso* (arbitragem) não foi mais contemplado pelo Código Civil de 2002 como forma especial de extinção de obrigações.

Diz-se que a visão que se dava ao compromisso na legislação anterior (Código Civil de 1916: arts. 1.037 a 1.048) era de uma forma de extinção de obrigações, mediante a qual as partes estabeleciam regras de como solucionar determinados conflitos decorrentes de choque de interesses patrimoniais.[139]

Hoje, o Código Civil de 2002 aborda a questão no artigo 853, admitindo-se, nos contratos, a cláusula compromissória, para resolver divergências mediante juízo arbitral, na forma estabelecida em lei especial.

Note-se que a construção "cláusula compromissória" refere-se à estipulação do compromisso como uma forma previa de remissão do conflito por arbitragem. Trata-se de uma convenção por meio da qual as partes em um contrato comprometem-se a submeter à arbitragem os litígios que possa vir a surgir, como consequência de tal ato ou negócio jurídico. Assim, a idéia de compromisso parece ser muito mais ampla que a de arbitragem, pois é através do primeiro que, pela manifestação livre da vontade, as partes se dirigem para o segundo, como forma de solução de conflitos de interesses.[140]

Comumente define-se o *compromisso* como o acordo entre litigantes pelo qual se sujeita a arbitragem a decisão de um pleito. Já o brocardo *arbitragem* adquire o significado de julgamento, decisão ou veredicto de árbitros. Contudo, o compromisso parece ser a antessala da arbitragem.

Ora, juridicamente a arbitragem é mesmo um processo de solução de conflitos jurídicos, é uma forma de conciliação onde participam terceiros conciliadores interessados só com a solução da controvérsia.

Fala-se assim, de elementos essenciais da arbitragem:

1- existência de um conflito jurídico;

2- a atuação de um terceiro;

3- reconhecimento de um processo a seguir;

4- a finalidade ou intenção de conciliação ou resolução do conflito.

Regula-se o instituto através dos seguintes artigos:

- "*É admitido compromisso, judicial ou extrajudicial, para resolver litígios entre pessoas que podem contratar*". (Art. 851 do Código Civil de 2002).

---

[139] GAGLIANO, Pablo Stolze; PAMPLONA FILHO, Rodolfo. *Novo curso de direito civil.* São Paulo: Saraiva, 2005, p. 235.

[140] GAGLIANO, Pablo Stolze; PAMPLONA FILHO, Rodolfo. *Novo curso de direito civil.* São Paulo: Saraiva, 2005, p. 236-255.

- "*É vedado compromisso para solução de questões de estado, de direito pessoal de família e de outras que não tenham caráter estritamente patrimonial*". (Art. 852 do Código Civil de 2002).

- "*Admite-se nos contratos a cláusula compromissória, para resolver divergências mediante juízo arbitral, na forma estabelecida em lei especial*". (Art. 853 do Código Civil de 2002).

6.7.9 Confusão

A confusão pode ser definida como sendo a extinção parcial ou total de certos direitos e obrigações em virtude de se reunirem na mesma pessoa as qualidades de credor e devedor. Assim nos parece a confusão ser uma forma de extinção e não uma forma de pagamento das obrigações.

Contudo, a confusão tem como fundamento o seguinte princípio: "ninguém pode ser devedor de si mesmo". Daí, quando as qualidades de credor e devedor se confundem na mesma pessoa ocorre a *confusão*, sendo natural e logicamente desnecessário o pagamento ou a indenização. Eis que a condição de devedor e credor não pode permanecer em uma pessoa, e quando, de alguma maneira, isso ocorra, as obrigações hão de extinguir-se total ou parcialmente. Pode acontecer que, "por força de um fato jurídico estranho à relação obrigacional, as figuras do devedor e do credor se reúnam na mesma pessoa. O mais frequente é a sucessão *causa mortis*, em que o herdeiro recebe do seu antecessor o título de crédito contra si mesmo, ou vice-versa".[141]

Juridicamente é impossível a existência de uma obrigação se não estão presentes os sujeitos (credor – devedor) em ambos os pólos da relação jurídica. Todavia, existem situações representativas desta forma de extinção, como exemplo, na sucessão hereditária, quando o devedor, por algumas razões, se converte em herdeiro do credor e vice-versa. Também pode estar presente tal forma nos créditos garantidos com fiança, pois, ao confundir-se a obrigação principal no credor e devedor principal, extinguem-se para ele as que têm caráter acessório.

O instituto é regulamentado no Código Civil de 2002 da seguinte maneira:

---

[141] SILVA Pereira, Caio Mário da. *Instituições de Direito Civil*. 15. ed. vol 2. Rio de Janeiro: Forense, 1997, p. 187.

- "*Extingue-se a obrigação, desde que na mesma pessoa se confundam as qualidades de credor e devedor*". (Art. 381 do Código Civil de 2002).

- "*A confusão pode verificar-se a respeito de toda a dívida, ou só de parte dela*". (Art. 382 do Código Civil de 2002).

- "*A confusão operada na pessoa do credor ou devedor solidário só extingue a obrigação até a concorrência da respectiva parte no crédito, ou na dívida, subsistindo quanto ao mais a solidariedade*". (Art. 383 do Código Civil de 2002).

- "*Cessando a confusão, para logo se restabelece, com todos os seus acessórios, a obrigação anterior*". (Art. 384 do Código Civil de 2002).

6.7.10 Remissão

Remissão significa o perdão, isto é, uma forma voluntária de extinção das obrigações, por parte do credor, liberando-se da dívida a quem está obrigado a cumpri-la. É uma liberação gratuita em favor dos devedores, manifesta quer expressa quer tacitamente. Trata-se de uma forma de renúncia a um direito. É um modo de extinção diferente da transação, pois, ainda que partam ambas da vontade, do segundo nascem obrigações recíprocas.

Justifica-se a remissão, pois o titular de um direito pode dispor do mesmo em favor de outros, se não existem proibições legais, e podem liberar o devedor do adimplemento, ainda que afetando seu próprio patrimônio.

Alguns autores consideram que a remissão é um negócio a título gratuito ou oneroso, já que é um ato de disposição de patrimônio que exige uma capacidade especial para doar, aplicando-se, assim, a essa forma de extinção as normas concernentes à doação. Dessa maneira, segundo a doutrina, pode produzir-se a extinção por atos *inter vivos e mortis causa*. Os primeiros são atos de declaração unilateral praticados dentro dos atos jurídicos em geral e os segundos *legatum liberationis*.

O Código Civil de 2002 regulamenta-se o instituto da seguinte maneira:

- "*A remissão da dívida, aceita pelo devedor, extingue a obrigação, mas sem prejuízo de terceiro*". (Art. 385 do Código Civil de 2002).

- "*A devolução voluntária do título da obrigação, quando por escrito particular, prova desoneração do devedor e seus co-obrigados, se o credor for capaz de alienar, e o devedor capaz de adquirir*". (Art. 386 do Código Civil de 2002).

- "*A restituição voluntária do objeto empenhado prova a renúncia do credor à garantia real, não a extinção da dívida*". (Art. 387 do Código Civil de 2002).

- "*A remissão concedida a um dos co-devedores extingue a dívida na parte a ele correspondente; de modo que, ainda reservando o credor a solidariedade contra os outros, já lhes não pode cobrar o débito sem dedução da parte remitida*". (Art. 388 do Código Civil de 2002).

Capítulo 7
Transmissão das Obrigações: Cessão de Créditos e Assunção de Dívidas

Por meio do vocábulo "transmissão" (*transmitto*), geralmente, se indica a transferência de direitos, obrigações ou coisa. É o termo técnico-jurídico por meio do qual a doutrina designa uma *sucessão* ativa ou passiva, se em relação ao credor ou ao devedor ou de atividades, valores ou coisas, se em relação ao conteúdo da prestação de uma obrigação.

Do ponto de vista normativo a transmissão das obrigações foi contemplada na legislação vigente (Código Civil de 2002), especificamente, no Livro I (Do Direito das Obrigações), Título II (Da Transmissão das Obrigações), incluindo-se dentro deste Livro tanto a Cessão de Créditos (Capítulo I, artigos 286 a 298) quanto a Assunção de Dívidas (Capítulo II, artigos 299 a 303).

Contudo, equiparam-se os construtos "transmissão", "sucessão" e "cessão" significando-se, por meio deles, o fato de se postar alguém em lugar de outrem a respeito de algo. Destarte, "transmitir", "suceder" e "ceder" podem vir a significar a possibilidade que alguém tem de se colocar no lugar do sujeito ativo (credor) ou passivo (devedor), de modo tal que o direito deixe de permanecer no patrimônio de um (*antecessor ou cedente*) passando a ingressar no do outro (*sucessor ou cessionário*).[142]

Diz-se que o direito primitivo romano não admitia a *transmissão* (ou *cessão*) de direitos. Eis que, "de acordo com a antiga concepção romana da obrigação, entendida como vínculo de natureza pessoal, não podia ser esta transferida de um sujeito a outro sem que se considerasse modificado o vínculo jurídico. A mudança no pólo ativo ou passivo ocorria unicamente em virtude da sucessão hereditária".[143]

---

[142] SERPA Lopes, Miguel Maria de. *Curso de Direito Civil*. Vol. II. 6. ed. Rio de Janeiro: Freitas Bastos, 1995, p. 422.

[143] GONÇALVES, Carlos Roberto. *Direito civil brasileiro*. Volume 2: teoria geral das obrigações. São Paulo: Saraiva, 2004, p. 198.

7.1 A transmissão das obrigações

Conforme o direito histórico os romanos recorriam à novação subjetiva, por meio da qual extinguia-se a obrigação primitiva e criava-se uma nova, sendo indispensável o consentimento do credor. Posteriormente, continua o autor, o direito comum criou a procuração em causa própria, para evitar o problema do consentimento do devedor. Nomeava-se um mandatário, que agia em causa própria na cobrança da dívida, dava quitação e agia em seu próprio interesse. No direito moderno, prescinde-se, na cessão de crédito, do consentimento do devedor. Deve ele apenas saber quem é o credor, para poder efetuar o pagamento, sendo ele estranho ao negócio.[144]

Assim, o direito histórico posterior e contemporâneo consideraria a "transmissão" como uma derivação de um direito subjetivo de uma pessoa para outra, sendo a transmissibilidade a aptidão de um direito para ser derivado de outro, sem prejuízo de sua essência.

A idéia de um vínculo pessoal rígido cedeu, em favor da consideração do conteúdo patrimonial da obrigação como elemento essencial, em face do qual as pessoas do credor e do devedor, embora indispensáveis para a existência da relação, não têm influência decisiva na sua individualidade própria[145]. Todavia, da obrigação interessa seu cumprimento, pouco importa o sujeito ou a pessoa que, mas sua execução.

A doutrina nacional e estrangeira, de forma geral, vê a transmissão como uma forma de cessão ou substituição de uma pessoa nas relações obrigacionais preestabelecidas, considerando-se, assim, transmitidos os direitos de um sujeito a outro quer ativo quer passivo. Evidencia-se, assim, a possibilidade da troca ou substituição dos sujeitos ativos ou passivos que transmitem ou recebem direitos ou obrigações.

É, por meio desses ou de outros construtos que se representaria a transmissão dos bens e direitos. Assim, por exemplo, a palavra "*traditio*" (tradição romana) se usaria para indicar a transmissão do domínio e da posse (caso da alienação dos direitos e, naturalmente, as obrigações). Igualmente, a palavra "sucessão" (*sub cedere*) representaria a possibilidade de entrarmos em contato com alguma coisa, no lugar de outra ou de outras pessoas, admitindo-se, assim, a substituição ou sub-rogação dos sujeitos que integram as relações jurídicas civis quer *inter vivos* quer *causa mortis*.

[144] VENOSA, Sílvio de Salvo. *Direito civil: teoria geral das obrigações e teoria geral dos* contratos. 4. ed. São Paulo: Atlas, 2004, p. 343.

[145] GONÇALVES, Carlos Roberto. *Direito civil brasileiro*. Volume 2: teoria geral das obrigações. São Paulo: Saraiva, 2004, p. 198.

Permito-me observar que a transmissão *causa mortis* é disciplinada pelo Direito das Sucessões. Já, a transmissão *inter vivos*, será privilegiada no presente estudo.

Ora, tendo como escopo explicar a *transmissão* como a possibilidade de substituição subjetiva das obrigações pela vontade das partes, nos permitimos aqui destacar seus requisitos gerais ou básicos, a saber:

a) existência do sujeito que transmite (cedente);

b) existência do sujeito que recebe (cessionário);

c) existência de obrigações transmissíveis (não personalíssimas).

O direito moderno admite, sem qualquer dificuldade, a livre transferência das obrigações, quer quanto ao lado ativo, quer quanto ao lado passivo, embora tenha sido mais demorada a aceitação desta última hipótese pelo fato de ser a obrigação um valor que deve ser realizado no patrimônio do devedor, interessando ao credor que o substituto ofereça, pelo menos, a mesma garantia pela propriedade de bens que assegurem o pagamento. Concorda-se hoje que a transferência pode dar-se, ativa ou passivamente, mediante sucessão hereditária ou a título particular, por atos *inter vivos*.[146]

A transmissão, como foi dito, caracteriza a substituição de sujeitos ativos ou passivos. Assim sendo, a possibilidade de substituição de credores e de devedores supõe a liberação do devedor primitivo e, consequentemente, a sub-rogação, assim como, a seguir será vista na *cessão* (*de créditos, de débitos e de contratos*).

Cessão, de acordo com Carlos Roberto Gonçalves[147], é o ato determinante da transmissibilidade das obrigações, que vem a ser a transferência negocial, a título gratuito ou oneroso, de um direito, de um dever, de uma ação ou de um complexo de direitos, deveres e bens, de modo que o adquirente, denominado *cessionário*, exerça posição jurídica idêntica à do antecessor, que figura como *cedente*. Contudo, ensina o citado autor, a transmissibilidade das obrigações pode ser constatada em várias espécies, a saber:

a) *cessão de crédito*, pela qual o credor transfere a outrem seus direitos na relação obrigacional;

---

[146] GONÇALVES, Carlos Roberto. *Direito civil brasileiro*. Volume 2: teoria geral das obrigações. São Paulo: Saraiva, 2004, p. 199.

[147] GONÇALVES, Carlos Roberto. *Direito civil brasileiro*. Volume 2: teoria geral das obrigações. São Paulo: Saraiva, 2004, p. 199.

b) *cessão de débito*, que constitui negócio jurídico pelo qual o devedor transfere a outrem a sua posição na relação jurídica, sem acarretar a criação de obrigação nova e a extinção da anterior;

c) *cessão de contrato*, em que se procede à transmissão, ao cessionário, da inteira posição contratual do cedente, como sucede na transferência a terceiro, feita pelo promitente comprador, por exemplo, de sua posição no compromisso de compra e venda de imóvel loteado, sem anuência do credor.

7.1.1 Cessão de Crédito

É, por meio da cessão de créditos que se verifica a possibilidade de substituição, por ato entre vivos, da figura do credor. Eis que na cessão de créditos o *cedente* é aquele que aliena o direito; o *cessionário*, o que adquire. A cessão de crédito é, pois, um negócio jurídico pelo qual o credor transfere a um terceiro seu direito. O negócio jurídico tem feição nitidamente contratual. Nesse negócio, o crédito é transferido intacto, tal como contraído; mantém-se o mesmo objeto da obrigação. Há apenas uma modificação do sujeito ativo.[148]

Assim, por exemplo: *A*, empresta (empréstimos mutuo) a *B* R$ 15.000,00, pelo prazo estabelecido de um ano. Ora, antes de transcorrer o tempo *A*, por necessidade imperiosa e, ao não poder exigir a devolução do dinheiro emprestado, vende o crédito a *N* por uma quantia quer igual ou inferior.

7.1.1.1 Natureza jurídica da cessão de crédito

Tem-se definido a cessão de crédito como um negócio jurídico por meio do qual o credor (cedente) transmite total ou parcialmente o seu crédito a um terceiro (cessionário), mantendo-se a relação obrigacional primitiva com o mesmo devedor (cedido). Em verdade, para alguns autores, a cessão de direito é um *negócio jurídico* oneroso, pactuado com propósito lucrativo, embora nada obste a transmissão gratuita do crédito. Todavia, a doutrina reconhece a existência da *cessão judicial*, realizada por meio de uma decisão do juiz (a exemplo da decisão que atribui ao herdeiro ou legatário um crédito do falecido), e da *cessão*

---

148 VENOSA, Sílvio de Salvo. *Direito civil: teoria geral das obrigações e teoria geral dos* contratos. 4. ed. São Paulo: Atlas, 2004, p. 342.

legal, operada por força de lei (como a cessão dos acessórios da dívida – garantias, juros, cláusula penal – determinada pelo art. 287 do Código Civil de 2002).[149]

É pela reconhecida natureza negocial que consideramos necessário caracterizar as possíveis semelhanças diferenças com outros institutos jurídicos afins (exs.: *compra e venda, novação subjetiva ativa*, *sub-rogação* e *cessão de contrato*).

De acordo com Carlos Roberto Gonçalves, por exemplo, a cessão de crédito é um negócio jurídico (bilateral), pelo qual o credor transfere a outrem seu direito na relação obrigacional. É, diz o citado autor, um dos mais importantes instrumentos da vida econômica atual, especialmente na modalidade de desconto bancário, pelo qual o comerciante transfere seus créditos a uma instituição financeira. Assim, ensina o citado ator, a cessão tem por objeto bem incorpóreo (crédito), enquanto que alguns outros institutos, tais como, a compra e venda destinam-se à alienação de bens *corpóreos*. Nesta participam apenas um comprador e um vendedor. Naquela há necessariamente os três personagens citados. Distingue-se também da novação subjetiva ativa, porque nesta, além da substituição do credor, ocorre a extinção da obrigação anterior, substituída por novo crédito. Naquela, porém, subsiste o crédito primitivo, que é transmitido ao cessionário, com todos os seus acessórios (artigo 287 do Código Civil de 2002: "*Salvo disposição em contrário, na cessão de um crédito abrangem-se todos os seus acessórios*"), inexistindo ao *animus novandi.*[150]

Evidenciam-se, também, pontos de contato da cessão de crédito com a *sub-rogação.* Eis que o artigo 349 reconhece que quando o credor recebe o pagamento de terceiro e expressamente lhe transfere todos os seus direitos (artigo 348) vigorará o disposto acerca da cessão de crédito. Essa situação é de equiparação de uma das hipóteses de sub-rogação à cessão de crédito, mas isso não quer dizer que há identidade. Veja-se que a sub-rogação pode vir a existir por força de lei, enquanto a cessão é ato voluntário. O artigo 350 da sub-rogação limita o direito do sub-rogado até a soma que desembolsou para desobrigar o devedor. Na cessão, não existe essa limitação; a cessão pode ter sempre caráter especulativo.[151]

Por outro lado, a cessão de crédito, embora excepcionalmente possa ser gratuita, em geral encerra o propósito de lucro. A sub-rogação convencional, porém, na hipótese do art. 347, I, do Código Civil ("*quando o credor recebe o pagamento de terceiro e expressamente lhe transfere todos os seus direitos*"), será tratada como cessão de crédito (art. 348). Esta é

[149] GAGLIANO, Pablo Stolze; PAMPLONA FILHO, Rodolfo. *Novo curso de direito civil.* São Paulo: Saraiva, 2005, p. 273.

[150] GONÇALVES, Carlos Roberto. *Direito civil brasileiro.* Volume 2: teoria geral das obrigações. São Paulo: Saraiva, 2004, p. 200 - 201.

[151] VENOSA, Sílvio de Salvo. *Direito civil: teoria geral das obrigações e teoria geral dos* contratos. 4. ed. São Paulo: Atlas, 2004, p. 344.

sempre ato voluntário; a sub-rogação, todavia, pode ocorrer por força de lei. Finalmente, não se confunde a *cessão de crédito* com *cessão de contrato*, que abrange a transferência de todos os direitos e obrigações. A cessão, ao contrário, restringe-se exclusivamente à transferência de determinados direitos, passando o cessionário a ostentar, perante o devedor, a mesma posição jurídica do titular primitivo.[152]

7.1.1.2 Requisitos da cessão de crédito: objeto, capacidade e legitimação

Em regra, todos os créditos podem ser objeto de cessão. De acordo com o artigo 286 do Código Civil de 2002 o credor pode ceder o seu crédito, se a isso não se opuser a natureza da obrigação, a lei, ou a convenção com o devedor; a cláusula proibitiva da cessão não poderá se oposta ao cessionário de boa-fé, se não constar do instrumento da obrigação.[153]

Na doutrina nacional algumas importantes hipóteses são consideradas. Para Carlos Roberto Gonçalves[154], por exemplo, se o pagamento da dívida é garantido por hipoteca, o cessionário torna-se credor hipotecário; se por penhor, o cedente é obrigado a entregar o objeto empenado ao cessionário. Há créditos que não podem, porém, ser cedidos. Pela sua *natureza*, não podem ser objeto de cessão relações jurídicas de caráter personalíssimo (caráter estritamente pessoal) e as de direito de família (direito a nome, a alimentos, os estabelecidos em favor de uma pessoa determinada, por exemplo, a obrigação de um músico de tocar em uma determinada orquestra etc.). Pela mesma razão não podem ser cedidos créditos atinentes aos vencimentos de funcionários ou os créditos por salários; os créditos decorrentes de direitos sem valor patrimonial; os créditos vinculados a fins assistenciais; os créditos que não possam se individualizados.

7.1.1.3 Espécies de cessão de crédito

---

[152] GONÇALVES, Carlos Roberto. *Direito civil brasileiro*. Volume 2: teoria geral das obrigações. São Paulo: Saraiva, 2004, p. 201-202.

[153] Art. 286: "*O credor pode ceder o seu crédito, se a isso não se opuser a natureza da obrigação, a lei, ou a convenção com o devedor; a cláusula proibitiva da cessão não poderá ser oposta ao cessionário de boa-fé, se não constar do instrumento da obrigação*".

[154] GONÇALVES, Carlos Roberto. *Direito civil brasileiro*. Volume 2: teoria geral das obrigações. São Paulo: Saraiva, 2004, p.202-203.

A *cessão de crédito* pode ser *total* ou *parcial*, abrangendo todos os acessórios do crédito, como os juros e os direitos de garantia, assim como se dispõe no artigo 287 do Código Civil de 2002.[155]

Um dos elementos constitutivos deste instituto é a vontade. Eis que a *cessão de crédito* resulta, em regra geral, da declaração de vontade entre cedente e cessionário. Nesse caso, ela é *convencional* e pode ser realizada a título oneroso (*onerosa*) ou gratuito (*gratuito*). Na cessão a título *oneroso* o cedente garante a existência e a titularidade do crédito no momento da transferência. Nas cessões a título *gratuito* só é responsável se houver procedido de má-fé (artigo 295 do Código Civil de 2002: "*Na cessão por título oneroso, o cedente, ainda que não se responsabilize, fica responsável ao cessionário pela existência do crédito ao tempo em que lhe cedeu; a mesma responsabilidade lhe cabe nas cessões por título gratuito, se tiver procedido de má-fé*").

De acordo com Gonçalves[156], a cessão de crédito *voluntária* pode ser também *total* ou *parcial*, embora a lei não se refira diretamente, em nenhum dispositivo, à última espécie. Nela o cedente retém parte do crédito, permanecendo na relação obrigacional, salvo se ceder também a parte remanescente a outrem. Se o crédito for cedido a mais de um cessionário, dividir-se-á em dois, independentes um do outro. Como a lei não disciplina a cessão *parcial*, não se pode falar em existência de preferência em favor do credor primitivo, ou de alguns dos cessionários, no caso de haver cessões parciais sucessivas, embora nada impeça que convencionem entre si algum critério de prioridade no pagamento. Pode, ainda, a cessão de crédito ser *legal* e *judicial*. Em muitos casos, com efeito, a transmissão do crédito, do lado ativo da relação obrigacional, opera-se não por convenção entre as partes, como na cessão, mas *ipso jure*, ou seja, por força de *lei*, ou por meio de *decisão judicial*.

Assim, como exemplos de *cessão legal* colocam-se as seguintes hipóteses:

a) a sub-rogação especificada no artigo 346 do Código Civil de 2002: "*A sub-rogação opera-se, de pleno direito, em favor: I - do credor que paga a dívida do devedor comum; II - do adquirente do imóvel hipotecado, que paga a credor hipotecário, bem como do terceiro que efetiva o pagamento para não ser privado de direito sobre*

---

[155] Art. 287: "*Salvo disposição em contrário, na cessão de um crédito abrangem-se todos os seus acessórios*".
[156] GONÇALVES, Carlos Roberto. *Direito civil brasileiro*. Volume 2: teoria geral das obrigações. São Paulo: Saraiva, 2004, p.204-205.

imóvel; III - do terceiro interessado, que paga a dívida pela qual era ou podia ser obrigado, no todo ou em parte".

b) a consequência reservada no artigo 283 do Código Civil de 2002: "*O devedor que satisfez a dívida por inteiro tem direito a exigir de cada um dos co-devedores a sua quota, dividindo-se igualmente por todos a do insolvente, se o houver, presumindo-se iguais, no débito, as partes de todos os co-devedores*".

c) a situação caracterizada no artigo 831 do CPC:

d) a regra do artigo 668 do Código Civil de 2002: "*O mandatário é obrigado a dar contas de sua gerência ao mandante, transferindo-lhe as vantagens provenientes do mandato, por qualquer título que seja*".

e) o caso da cessão dos acessórios, a saber, cláusula penal, juros, garantias reais ou pessoais, já visto no artigo 287 do Código Civil de 2002: "*Salvo disposição em contrário, na cessão de um crédito abrangem-se todos os seus acessórios*".

f) a situação derivada do depósito, estabelecida no artigo 636 do Código Civil de 2002: "*O depositário, que por força maior houver perdido a coisa depositada e recebido outra em seu lugar, é obrigado a entregar a segunda ao depositante, e ceder-lhe as ações que no caso tiver contra o terceiro responsável pela restituição da primeira*".

Todavia, assinala-se como exemplo o estabelecido no artigo 298 do Código Civil de 2002[157], caso que para (citação)., é típico de transmissão provisória, por via judicial, para adaptar, à penhora do crédito a solução válida para o pagamento efetuado pelo devedor, na ignorância da apreensão judicial do crédito. A cessão de crédito pode ser ainda *pro soluto e pro solvendo*. No primeiro caso, o cedente apenas garante a existência do crédito, sem responder todavia, pela solvência do devedor. Na cessão *pro solvendo*, o cedente obriga-se a

---

[157] Art. 298: "*O crédito, uma vez penhorado, não pode mais ser transferido pelo credor que tiver conhecimento da penhora; mas o devedor que o pagar, não tendo notificação dela, fica exonerado, subsistindo somente contra o credor os direitos de terceiro*".

pagar se o devedor cedido for insolvente. Nesta última modalidade, portanto, o cedente assume o risco da insolvência do devedor.

7.1.1.4 Da Forma

A *cessão convencional* não exige uma forma especifica, salvo se o conteúdo da prestação tiver por objeto mediato bens e direitos justificados em escritura pública (exs.: cessão de crédito hipotecário ou de direitos hereditários). Nesses casos vale a regra do artigo 288 do Código Civil de 2002: "*É ineficaz, em relação a terceiros, a transmissão de um crédito, se não celebrar-se mediante instrumento público, ou instrumento particular revestido das solenidades do § 1º do art. 654*". Contudo, a legislação civil brasileira contempla as seguintes regras:

> 1- Todas as pessoas capazes são aptas para dar procuração mediante instrumento particular, que valerá desde que tenha a assinatura do outorgante e que deve conter a indicação do lugar onde foi passado, a qualificação do outorgante e do outorgado, a data e o objetivo da outorga com a designação e a extensão dos poderes conferidos. (Artigo 654, § 1º do Código Civil de 2002)
>
> 2- O instrumento particular, feito e assinado, ou somente assinado por quem esteja na livre disposição e administração de seus bens, prova as obrigações convencionais de qualquer valor; mas os seus efeitos, bem como os da cessão, não se operam, a respeito de terceiros, antes de registrado no registro público. (Artigo 221 do Código Civil de 2002)

Tais são a formalidades exigidas para a cessão valer contra *terceiros*, sendo desnecessárias, como bem ensina Carlos Alberto Gonçalves[158], em relação ao devedor cedido. A sua inobservância torna o ato ineficaz em relação àqueles (veja-se o art. 288 do Código Civil de 2002). O cessionário de crédito hipotecário tem o direito de fazer averbar a cessão no registro do imóvel (veja-se o art. 289 do Código Civil de 2002). Ora, a cessão legal e a judicial não se subordinam, obviamente, às mencionadas exigências. A cessão de títulos de créditos é feita mediante endosso. O posterior ao vencimento produz os mesmos efeitos do

[158] GONÇALVES, Carlos Roberto. *Direito civil brasileiro*. Volume 2: teoria geral das obrigações. São Paulo: Saraiva, 2004, p.206.

anterior (veja-se art. 920 do Código Civil de 2002). A aquisição de título à ordem, por meio diverso do endosso, tem efeito de cessão civil (veja-se o art. 919 do Código Civil de 2002). Outras hipóteses merecem destaque, a saber, as contempladas nos artigos: 520 (o direito de preferência não se pode ceder nem passa aos herdeiros), 426 (não pode ser objeto de contrato a herança de pessoa viva), 298 (o crédito, uma vez penhorado, não pode mais ser transferido pelo credor que tiver conhecimento da penhora; mas o devedor que o pagar, não tendo notificação dela, fica exonerado, subsistindo somente contra o credor os direitos de terceiro), 560 (o direito de revogar a doação não se transmite aos herdeiros do doador, nem prejudica os do donatário) etc.

7.1.1.5 Da notificação do devedor

Quanto à notificação do devedor dispõe-se no art. 290 do Código Civil de 2002 que: "*a cessão do crédito não tem eficácia em relação ao devedor, senão quando a este notificada; mas por notificado se tem o devedor que, em escrito público ou particular, se declarou ciente da cessão feita*".

Observe-se que aqui, a notificação do devedor é condição necessária para a eficácia da cessão de crédito em relação ao devedor, procurando-se, desta forma, evitar prejuízos ao devedor. Todavia, desobriga-se o devedor que, antes de ter conhecimento da cessão, paga ao credor primitivo, ou que, no caso de mais de uma cessão notificada, paga ao cessionário que lhe apresenta, com o título de cessão, o da obrigação cedida; quando o crédito constar de escritura pública, prevalecerá a prioridade da notificação. (Artigo 292 do Código Civil de 2002).

Da mesma forma, se dispõe no art. 294 do Código Civil de 2002 que "*o devedor pode opor ao cessionário as exceções que lhe competirem, bem como as que, no momento em que veio a ter conhecimento da cessão, tinha contra o cedente*".

7.1.1.6 Da responsabilidade do cedente

Quanto à responsabilidade do cedente preceitua-se no art. 295 do Código Civil que: "*Na cessão por título oneroso, o cedente, ainda que não se responsabilize, fica responsável ao cessionário pela existência do crédito ao tempo em que lhe cedeu; a mesma responsabilidade lhe cabe nas cessões por título gratuito, se tiver procedido de má-fé*".

A responsabilidade imposta ao cedente não se refere à solvência do devedor (*nomem bonum*), assim, como se verifica: "*Salvo estipulação em contrário, o cedente não responde pela solvência do devedor*". (Art. 296 do Código Civil de 2002).

Eis que o cedente, responsável ao cessionário pela solvência do devedor, não responde por mais do que daquele recebeu, com os respectivos juros; mas tem de ressarcir-lhe as despesas da cessão e as que o cessionário houver feito com a cobrança. (Art. 297 do Código Civil de 2002).

Igualmente, o crédito, uma vez penhorado, não pode mais ser transferido pelo credor que tiver conhecimento da penhora; mas o devedor que o pagar, não tendo notificação dela, fica exonerado, subsistindo somente contra o credor os direitos de terceiro. (Art. 298 do Código Civil de 2002).

7.1.2 Da Assunção de Dívida.

Em geral, a doutrina considera a *cessão de débito* (ou *assunção de dívida*) também ser um negócio jurídico por meio do qual o devedor, com o expresso consentimento do credor, transmite a um terceiro a sua obrigação. Diz-se de uma transferência (leia-se transmissão) debitória, com mudança subjetiva na relação obrigacional.[159]

De acordo com Carlos Roberto Gonçalves, a *assunção de dívida* ou *cessão de débito*, constitui novidade introduzida pelo Código Civil de 2002. Embora não regulada no diploma de 1916, nada impedia a sua celebração, em face da autonomia da vontade e da liberdade contratual, desde que houvesse aceitação de credor. Ademais, o art. 568 do Código de Processo Civil, em vigor desde 1974, ao enumerar os "sujeitos passivos da execução", entre eles inclui, no inciso III, "o novo devedor, que assumiu, com o consentimento do credor, a obrigação resultante do título executivo". Trata-se de negócio jurídico pelo qual o *devedor* transfere a outrem sua posição na relação jurídica. Segundo a doutrina, continua Gonçalves, é um negócio jurídico bilateral, pelo qual o devedor, com anuência expressa do credor, transfere a um terceiro, que o substitui, os encargos obrigacionais, de modo que este assume sua posição na relação obrigacional, responsabilizando-se pela dívida, que subsiste com os seus acessórios.[160]

---

[159] GAGLIANO, Pablo Stolze; PAMPLONA FILHO, Rodolfo. *Novo curso de direito civil*. São Paulo: Saraiva, 2005, p. 280.

[160] GONÇALVES, Carlos Roberto. *Direito civil brasileiro*. Volume 2: teoria geral das obrigações. São Paulo: Saraiva, 2004, p.212.

A transmissão das dívidas parece ser uma fórmula constituída e aceita a fim de viabilizar as relações socioeconômicas ou de comercio. Um exemplo representativo de tal transmissão é a cessão de financiamento imobiliário, quando uma dada agencia bancária assume a dívida em face da Empresa Construtora.

Assim, por exemplo: *B* (comprador) deve a *A* (Empresa Construtora e Incorporadora *G*), como consequência da compra de um apartamento, R$ 75.000,00. Vendo-se impossibilitado em cumprir a prestação no prazo e condições pactuadas, *B* renegocia o contrato com o Banco Bradesco, quem assume e paga a dívida de *B*. Assim sendo, *B* passa a ser devedor do Banco Bradesco, assumindo o compromisso de pagar a dívida em várias parcelas.

7.1.2.1 Disciplina legal

Disciplina-se o instituto nos artigos 299 a 303 do Código Civil de 2002, outorgando-se, assim, faculdades a terceiros quer pessoas físicas ou jurídicas para assumir a obrigação do devedor, com o consentimento expresso do credor, ficando exonerado o devedor primitivo, salvo se aquele, ao tempo da assunção, era insolvente e o credor o ignorava. (Art. 299 do Código Civil de 2002).

A exigência do consentimento do credor é, essencialmente, o requisito que distingue o presente instituto da *cessão de crédito*. Assim, qualquer das partes pode assinar prazo ao credor para que consinta na assunção da dívida, interpretando-se o seu silêncio como recusa.

O consentimento também pesa neste instituto, de forma a ser considerada sua ausência como uma limitação para considerar extinta qualquer garantia. (Artigo 300 do Código Civil de 2002)

Outras regras são próprias e características do instituto, a saber:

- "*Se a substituição do devedor vier a ser anulada, restaura-se o débito, com todas as suas garantias, salvo as garantias prestadas por terceiros, exceto se este conhecia o vício que inquinava a obrigação*". (Art. 301 do Código Civil de 2002)

- "*O novo devedor não pode opor ao credor as exceções pessoais que competiam ao devedor primitivo*". (Art. 302 do Código Civil de 2002)

- "*O adquirente de imóvel hipotecado pode tomar a seu cargo o pagamento do crédito garantido; se o credor, notificado, não impugnar em trinta dias a transferência do débito, entender-se-á dado o assentimento*". (Art. 303 do Código Civil de 2002)

7.1.3 Cessão de contrato

O legislador brasileiro, por meio do Código Civil de 2002, não cuidou da *cessão de contrato*. Mas, por ser um instituto reconhecido pela doutrina nacional e internacional, aqui nos ocupamos com sua significação e natureza.

Diferentemente do que ocorre na cessão de crédito ou de débito, neste caso, o cedente transfere a sua própria posição contratual (compreendendo créditos e débitos) a um terceiro (cessionário), que passará a substituí-lo na relação jurídica originária. Destarte, quando em um determinado contrato uma das partes cede a sua posição contratual, o faz de forma integrada, não havendo, pois, a intenção de transmitir, separadamente, débitos e créditos. Por óbvio, obrigações há, de natureza personalíssima que não admitem cessão. Assim, por exemplo, se eu contrato a feitura de uma obra de arte com um artista famoso, este não poderá ceder a sua posição contratual. Aqui a natureza mesma da obrigação impede, na anterior hipótese, a cessão contratual.[161]

Assim, por exemplo, há seção de contrato quando *A* (comprador), por alguma situação ou razão de justiça, amizade ou desinteresse econômico e com expresso consentimento da outra parte *C* (vendedor) transfere a *B* (terceiro) sua posição ou condição de comprador de um bem, transmitindo integramente todos os direitos e obrigações engendrados pelo contrato de compra e venda e não unicamente um determinado crédito ou uma determinada dívida.

Vários casos, convenientemente, são citados na obra de Sílvio Rodrigues. *Direito Civil – Parte Geral das Obrigações*. 30. ed. São Paulo: Saraiva, 2002, v. 2, p. 116. Aqui nos permitimos reproduzir os seguintes:

1- os contratos de cessão de locação, em que o contrato-base é transferido, com a anuência do cedido, transpassando-se para o cessionário todos os direitos e obrigações deles resultantes;

---

[161] GAGLIANO, Pablo Stolze; PAMPLONA FILHO, Rodolfo. *Novo curso de direito civil*. São Paulo: Saraiva, 2005, p. 283.

2- os contratos de compromisso de venda (nesse caso, havendo a cessão sem o consentimento do promitente vendedor, haverá re responsabilidade solidária entre o cedente e o cessionário);

3- o próprio contrato de mandato, que, costumeiramente, é transferido a terceiro, por meio do substabelecimento sem reserva de poderes, etc.

O mesmo acontece nos seguintes exemplos: O cidadão *A* compra de *B* (franqueado) o direito à administração da Empresa Escola de Idiomas Fisk – Santana. Nesse caso, *B* transfere todos os direitos e obrigações já contraídas como empregador e preexistentes com o Franqueador *C*, salvo seja constituída uma nova empresa.

Capítulo 8
Dos Efeitos das Obrigações:
Causas Comuns e Especiais de Extinção das Obrigações

Inumeráveis são as circunstâncias que podem afetar a existência e engendrar o perecimento (ou extinção) das obrigações. É, pela repercussão teórica e prática deste tema que doutrinas e legislações quer nacional quer estrangeira privilegiam uma série de causas consideradas comuns ou especiais de extinção das obrigações.

8.1 Causas comuns de extinção das obrigações

Conforme já vimos, existem causas normais, comuns e voluntárias que podem modificar parcial ou totalmente e extinguir as obrigações já constituídas. O pagamento é uma delas.

Eis que tanto a forma comum quanto as formas especiais de pagamento são, de fato, consideradas modos ou causas de extinção das obrigações. Assim, doutrinas e legislações nacionais e estrangeiras contemplam o pagamento quer direto quer indireto como formas de extinguir obrigações.

Destarte, o pagamento (ou adimplemento) como ato voluntário, normal e desejados pelos sujeitos, ativos e passivos, extingue as obrigações. É o ato jurídico pelo qual os devedores cumprem as obrigações observando a forma estipulada e reconhecida por Lei ou convencionada pelas partes. Pagamos ou cumprimos a obrigação quando damos, fazemos ou não fazemos. Logo, quando damos ou entregamos a coisa, quando executamos um serviço ou mesmo quando nos comprometemos e não fazemos verifica-se uma das causas comuns de extinção das obrigações.

Fala-se assim de pagamento normal quando a execução da obrigação se realiza de forma voluntária. É aí que a noção de adimplemento pode ser considerada mais amplas do que a de pagamento, já que o adimplemento, em abstrato, se apresenta como a correspondência ou adequação do comportamento humano ao dever imposto por qualquer norma jurídica, delimitando-se, assim, o dever de prestação contido em uma obrigação.[162]

Mas, além do pagamento, algumas outras formas são conhecidas como causas extintivas de obrigações. São as que aqui chamaremos de causas comuns de extinção.

8.2 Causas especiais de extinção das obrigações

Com a expressão "causas especiais de extinção das obrigações" pretendemos indicar algumas das maneiras não comuns de ruptura do vínculo jurídico obrigacional. Trate-se de modos não aplicáveis a todas as obrigações, mas àquelas determinadas relações obrigacionais que reúnem características especiais (ou condições excepcionais) pouco frequentes.

Como acima explicado, o pagamento (ou adimplemento) quer comum (ou normal) quer especial é também forma de extinção de obrigações, pois, como ato jurídico sempre traz como consequência o perecimento do vínculo obrigacional. Ora, notamos que nas legislações civis nacional e estrangeiras regulamentam-se outras importantes situações (hipóteses) que podem ser perfeitamente consideradas como verdadeiras causas extintivas de obrigações, a saber:

a) Anulabilidade;

b) Rescisão;

c) Prescrição extintiva;

d) Perecimento da coisa;

e) Impossibilidade de execução;

f) Condição e termo resolutivo;

g) Morte da pessoa natura;

h) Declarada incapacidade das partes.

Se bem no Código Civil de 2002 tais causas não foram elecandas no texto correspondente ao Título III (Do Adimplemento e Extinção das Obrigações) do Livro I - Parte Especial; observamos que sua regulamentação em diferentes partes do citado texto obedece a uma importante necessidade jurídica, a saber, legislar sobre as consequências jurídicas derivadas do ato, negócio e, mais especificamente, do contrato *anulável*, *rescindível*, ou

---

[162] VALPUESTA Fernández, Ma R. e outros. *Derecho de Obligaciones y Contratos*. 2. ed. Valencia: Tirant lo Blanch, España, 1995, p. 127.

causadas pela *prescrição extintiva* ou pelo *perecimento da coisa específica* que é objeto indireto da obrigação.

É, por essa razão que, a seguir, privilegiamos um estudo acerca da repercussão de tais causas extintivas no direito obrigacional.

8.2.1 A anulabilidade

A anulabilidade da fonte originária da obrigação (ex. ato, contrato ou negócio jurídico) pode ser considerada causa extintiva do vínculo obrigacional. Na verdade, a anulabilidade é uma forma de ineficácia do ato jurídico supostamente válido, mas que pode vir a engendrar danos a uma das partes ou a um terceiro.

A anulabilidade encontra sua causa nos vícios do consentimento. Mas, como bem afirma Caio Mário da Silva Pereira[163] ela não tem o mesmo alcance da nulidade, nem traz o mesmo fundamento. Nela, ensina o citado autor, não se vislumbra o interesse público, porém a mera conveniência das partes (interesses privados). O ato é imperfeito, mas não tão grave nem profundamente defeituoso, como nos casos de nulidade, razão pela qual a lei oferece ao interessado a alternativa de pleitear a obtenção de sua ineficácia, ou deixar que os seus efeitos decorram normalmente, como se não houvesse irregularidade, o que reflete no problema dos efeitos. Daí ficar restrita a legitimação para postulação do decreto anulatório às pessoas que intervêm originariamente em direitos, quer por sub-rogação *inter vivos*, quer por sucessão *causa mortis*, ou também a determinados terceiros que lhes sofram as consequências (como o credor prejudicado pela alienação fraudulenta).

Nas legislações nacionais e estrangeiras privilegia-se o instituto apresentando-se como uma das formas de ineficácia do ato, negocio ou contrato quando, defeituosos por: erro, dolo, coação, fraude contra credores, lesão ou os praticados em estado de perigo, afetam a vontade (consentimento). Assim, de acordo com o estabelecido no artigo 171 do Código Civil de 2002, além dos casos expressamente declarados na lei, é anulável o negócio jurídico: a) por incapacidade relativa do agente; b) por vício resultante de erro, dolo, coação, estado de perigo, lesão ou fraude contra credores.

Diferentemente da nulidade absoluta, o negócio anulável pode ser confirmado pelas partes, sendo que o ato de confirmação deve conter a substância do negócio celebrado e a vontade expressa de mantê-lo (Artigos 172 e 173 do Código Civil de 2002).

---

[163] PEREIRA, Caio Mário da Silva. *Instituições de direito civil.* Rio de Janeiro, Forense, 2005, p. 640 – 642.

Noutras importantes regras acerca da confirmação constatam-se nos artigos 174 - 182[164]. A regra mais significativa para o presente estudo é a constatada no artigo Art. 182, a saber: "*Anulado o negócio jurídico, restituir-se-ão as partes ao estado em que antes dele se achavam, e, não sendo possível restituí-las, serão indenizadas com o equivalente*". Trata-se do efeito da anulabilidade quando o negócio jurídico se desfaz, "com a reposição das partes ao estado anterior. Não sendo isto possível, por não existir mais a coisa ou por ser inviável a reconstituição da situação jurídica, o prejudicado será indenizado como o equivalente. O devedor exonerado da obrigação e aquele que já tiver feito alguma prestação têm a faculdade de reclamar da outra parte a devolução, a não ser que se prove ter a importância paga revertido em seu proveito".[165]

8.2.2 A rescisão

A rescisão parece coincidir com o efeito da anulabilidade antes visto, quando também afeta as obrigações nascidas, por exemplo, dos contratos celebrados por tutores ou curadores, sem autorização da Justiça ou as que realmente causam danos às partes ou afetam a terceiros.

---

[164] Art. 174: "É escusada a confirmação expressa, quando o negócio já foi cumprido em parte pelo devedor, ciente do vício que o inquinava".
Art. 175: "A confirmação expressa, ou a execução voluntária de negócio anulável, nos termos dos arts. 172 a 174, importa a extinção de todas as ações, ou exceções, de que contra ele dispusesse o devedor".
Art. 176: "Quando a anulabilidade do ato resultar da falta de autorização de terceiro, será validado se este a der posteriormente".
Art. 177: "A anulabilidade não tem efeito antes de julgada por sentença, nem se pronuncia de ofício; só os interessados a podem alegar, e aproveita exclusivamente aos que a alegarem, salvo o caso de solidariedade ou indivisibilidade".
Art. 178: "É de quatro anos o prazo de decadência para pleitear-se a anulação do negócio jurídico, contado:
I - no caso de coação, do dia em que ela cessar;
II - no de erro, dolo, fraude contra credores, estado de perigo ou lesão, do dia em que se realizou o negócio jurídico;
III - no de atos de incapazes, do dia em que cessar a incapacidade".
Art. 179: "Quando a lei dispuser que determinado ato é anulável, sem estabelecer prazo para pleitear-se a anulação, será este de dois anos, a contar da data da conclusão do ato".
Art. 180: "O menor, entre dezesseis e dezoito anos, não pode, para eximir-se de uma obrigação, invocar a sua idade se dolosamente a ocultou quando inquirido pela outra parte, ou se, no ato de obrigar-se, declarou-se maior".
Art. 181: "Ninguém pode reclamar o que, por uma obrigação anulada, pagou a um incapaz, se não provar que reverteu em proveito dele a importância paga".
Art. 182. "Anulado o negócio jurídico, restituir-se-ão as partes ao estado em que antes dele se achavam, e, não sendo possível restituí-las, serão indenizadas com o equivalente".
Art. 183. A invalidade do instrumento não induz a do negócio jurídico sempre que este puder provar-se por outro meio.
Art. 184. Respeitada a intenção das partes, a invalidade parcial de um negócio jurídico não o prejudicará na parte válida, se esta for separável; a invalidade da obrigação principal implica a das obrigações acessórias, mas a destas não induz a da obrigação principal.

[165] PEREIRA, Caio Mário da Silva. *Instituições de direito civil.* Rio de Janeiro, Forense, 2005, p. 642 – 643.

Assim, as obrigações nascidas desses atos ou contratos extinguir-se como consequência das ações que anulem ou rescindam sua causa.

A rescisão como causa de extinção da obrigação aparece visível nos seguintes artigos do Código Civil de 2002:

> Art. 455. Se parcial, mas considerável, for a evicção, poderá o evicto optar entre a rescisão do contrato e a restituição da parte do preço correspondente ao desfalque sofrido. Se não for considerável, caberá somente direito a indenização.
>
> Art. 570. Se o locatário empregar a coisa em uso diverso do ajustado, ou do a que se destina, ou se ela se danificar por abuso do locatário, poderá o locador, além de rescindir o contrato, exigir perdas e danos.
>
> Art. 607. O contrato de prestação de serviço acaba com a morte de qualquer das partes. Termina, ainda, pelo escoamento do prazo, pela conclusão da obra, pela rescisão do contrato mediante aviso prévio, por inadimplemento de qualquer das partes ou pela impossibilidade da continuação do contrato, motivada por força maior.
>
> Art. 609. A alienação do prédio agrícola, onde a prestação dos serviços se opera, não importa a rescisão do contrato, salvo ao prestador opção entre continuá-lo com o adquirente da propriedade ou com o primitivo contratante.
>
> Art. 740. O passageiro tem direito a rescindir o contrato de transporte antes de iniciada a viagem, sendo-lhe devida a restituição do valor da passagem, desde que feita a comunicação ao transportador em tempo de ser renegociada
>
> Art. 1.642. Qualquer que seja o regime de bens, tanto o marido quanto a mulher podem livremente:
> I - praticar todos os atos de disposição e de administração necessários ao desempenho de sua profissão, com as limitações estabelecida no inciso I do art. 1.647;
> II - administrar os bens próprios;
> III - desobrigar ou reivindicar os imóveis que tenham sido gravados ou alienados sem o seu consentimento ou sem suprimento judicial;
> IV - demandar a rescisão dos contratos de fiança e doação, ou a invalidação do
>
> Art. 1.148. Salvo disposição em contrário, a transferência importa a sub-rogação do adquirente nos contratos estipulados para exploração do estabelecimento, se não tiverem caráter pessoal, podendo os terceiros rescindir o contrato em noventa dias a contar da publicação da transferência, se ocorrer justa causa, ressalvada, neste caso, a responsabilidade do alienante.

8.2.3 A prescrição extintiva

Também a prescrição extintiva é vista como uma das formas de extinção das obrigações. Eis que a influência do tempo e o não-exercício do direito fazem com que elas pereçam. “A prescrição, afirma Orlando Gomes, é um dos modos de extinção dos créditos. Não interessa indagar se atinge o direito de crédito ou a ação que o assegura. Certo é que a pretensão do credor perde sua virtualidade pelo decurso do tempo fixado na lei. Isso significa que não pode exercê-la, se o devedor se opuser. Extingue-se, por conseguinte, o crédito, porque cessa a responsabilidade (*obligatio*) do devedor”.[166]

A prescrição merece um comentário especial, pois o seu conhecimento é altamente importante para o estudo da aquisição e da extinção dos direitos. No tópico anterior, explicamos as formas mais gerais e comuns de pagamento e extinção das obrigações. Cabe agora abordar os critérios fundamentais que historicamente foram a base para o reconhecimento da instituição em questão.

A prescrição, como instituição jurídica, foi conhecida desde os primórdios da civilização romana, precisamente na Lei das Doze Tábuas, onde se estabelecia a *usucapio* e a *prescriptio longi temporis*, refundida ao tempo de Justiniano, no Baixo Império, dentro do *Corpus Iuris Civiles*.

Diz-se que a prescrição extintiva surgiu na Constituição de Teodósio II, onde se estabeleceu que todas as ações que não estivessem limitadas por um termo mais breve deveriam exercer-se no interregno de 30 anos, sendo que, transcorridos estes, ocorreria a *prescriptio longissima temporis*. No primitivo direito romano, todas as ações eram imprescritíveis, não obstante os pretores fixarem um prazo dentro do qual elas deveriam ser ajuizadas, e, transcorrido este, o demandado poderia opor a exceção (*prescriptio temporis*). Já, no período do Alto Império, os bens imóveis prescreviam aos 10 anos (*inter praesentes*) e aos 20 (*inter absentes*).

O antigo direito espanhol se orientou pela influência romana, e nos diferentes documentos histórico-jurídicos daquele país se dispôs que as ações pessoais prescreviam aos 10 anos e as reais aos 30. A doutrina posterior declarou desnecessidade a instituição, tratando-a de imoral e antijurídica. Alguns doutrinadores, porém, opinavam o contrário considerando-a necessária para a regulação para a vida social.

Surgiram, assim, teorias que por meio das quais procurou-se agrupar a instituição em duas ordens, a saber:

a. Teoria subjetiva, baseada na presunção de abandono do direito, originária da inatividade de seu titular. Esta teoria foi muito difundida na Espanha.

b. Teoria objetiva, fundada na necessidade que tem a sociedade de dar estabilidade a certas situações de fato que se convertem em situações de direito, devido ao que, mediante a prescrição, faz-se desnecessária a prova de situações jurídicas perfeitamente legais que às vezes seriam de alto custo e impossível justificação.

[166] Ibid., p 127.

Diferentemente da prescrição aquisitiva (que atua como força criadora), diz Caio Mário[167], a extintiva ou liberatória conduz à perda da pretensão pelo seu titular negligente, ao fim de certo lapso do tempo, e por ser, em contraste com a primeira, encarada como força destrutiva. Eis que o transcurso do tempo faz presumir o pagamento ou o desinteresse por exigir o pagamento.

A prescrição extintiva é uma das instituições mais antigas e discutidas do direito, e, como já se disse, suas origens remontam aos primórdios do Direito Romano, tendo sido acolhida em todas as legislações, apesar de não haver sido reconhecida pela totalidade dos autores que estudaram seu conteúdo, sua natureza e os efeitos que dela derivam.

Ao estudar as relações existentes entre a usucapião e a prescrição, produziram-se diferentes critérios doutrinários, entre os quais encontramos três grandes grupos:

Primeiro: a teoria antiga, que a estudava como parte integrante de um conceito único, resultando da prescrição e da usucapião só os aspectos externos de uma causa geral e comum de extinção e de aquisição dos direitos pelo transcurso do tempo.

Segundo: teoria moderna que conceituava a prescrição extintiva como instituição própria e a identificava dentro da sistemática jurídica como uma figura autônoma e independente.

Terceiro: uma novíssima teoria que foi o reflexo da primeira, com a qual se considera a prescrição como um fato único, produto de um duplo efeito contemporâneo em virtude do qual as prescrições eram ao mesmo tempo aquisitivas e extintivas, por existir uma equiparação entre a perda e a aquisição.

É certo que entre a prescrição e a usucapião existem muitas semelhanças, mas também é certo que uma não influencia a outra a ponto de converterem-se em uma só instituição. Suas semelhanças são de ordem geral, oferecendo elementos comuns encontrados nessas instituições jurídicas, sem que por isso se haja pretendido sua unificação.

A necessidade do transcurso de um termo para sua existência ou integração resulta da aplicação, na teoria geral, da eficácia do tempo nas relações jurídicas.

Costuma-se diferenciar a usucapião da prescrição extintiva, e já se disse que o primeiro pressupõe e exige o exercício da posse por quem o alega, como base e razão de seu

---

167 PEREIRA, Caio Mário da Silva. *Instituições de direito civil.* Rio de Janeiro, Forense, 2005, p. 683.

direito. A prescrição propriamente dita tem um sentido de aplicação mais extenso do que a usucapião. A prescrição se aplica em geral a todas as classes de direito reais ou pessoais, salvo as limitações que a própria Lei estabelece.

A usucapião teve sua origem nas relações entre pessoas que não se encontravam ligadas por vínculo jurídico de classe alguma, pois os que estavam ligados por laços contratuais não podiam usucapir. No entanto, a prescrição extintiva, por seu turno, teria lugar precisamente entre pessoas ligadas por tal laço contratual que se vai extinguir pelo transcurso do tempo.

Também se diferenciam os fundamentos de ambas as instituições. Na usucapião existe a ação do possuidor contra o titular do domínio, e, na prescrição extintiva, existe a inércia do titular do direito. Pela diferença de efeitos que produz a usucapião, obter-se-á com ele, como resultado, aquisição da propriedade ou de um direito real. A prescrição, ao contrário, causa e determina a extinção de uma relação jurídica. Como se pode observar, existem diferenças fundamentais entre elas, porque a aquisição se distingue fundamentalmente da perda.

Algumas legislações não estabelecem diferenças entre os distintos modos de extinção das obrigações. Não se cria entre eles uma escala graduada através da qual um meio produz mais benefícios que outro. Todos são meios extintivos por igual, sem que o pagamento resulte mais favorecido.

Sem embargo, existiram teorias que tratam de precisar e determinar o que se extingue pela prescrição, sendo elas:

a. A teoria da extinção da ação

Explica que a extinção da obrigação pela prescrição não afeta o direito somente em sua forma judicial de exercício (o direito de ação), de modo que o direito prescrito persiste, continua vivendo, em que pese o transcurso do tempo. O que ocorre é que surge, por meio dos efeitos extintivos da prescrição do direito de ação, um direito material imperfeito, um direito incompleto, debilitado, paralisado e desprovido da ação correspondente para fazê-lo valer em Juízo, a não ser que seja ele adimplido espontaneamente pelo sujeito passivo (obrigação natural).

Em outras palavras, a perda do direito de ajuizamento da ação adequada a ver reconhecido o direito material contamina este de maneira irremediável.

b. Teoria da extinção do direito

A determinação da prescrição, neste caso, dirige-se a uma pessoa em particular, nunca contra a generalidade. Essa determinação prescritiva vai fulminar o direito material e não o direito processual (de ação), do que resulta desaparecer ele, por determinação legal, sem deixar rastro algum de sua existência, ainda que pudesse ele ser pleiteado judicialmente.

8.2.3.1 Conceito, natureza e requisitos da prescrição extintiva

Entende-se por prescrição a aquisição ou perda de certos direitos pelo não-exercício destes no tempo. Vulgarmente já se disse que ela aparece "nos dois lados da moeda", pois os direitos se extinguem para uns e se adquirem para outros, isto é, se o titular de um direito não o exerce em um período determinado pela Lei, perde-o, já que sua inércia permite a presunção de que tal direito foi abandonado.

Tal como já explicamos, a prescrição teve historicamente uma dupla função:

a) aquisição da propriedade e demais direitos reais. Esta se conheceu como a usucapião ou prescrição aquisitiva de domínio.

b) prescrição extintiva, liberatória ou prescrição da ação (extinção dos direitos de qualquer classe que seja).

Nessas funções o tempo é determinante, pois se adquire de um prazo marcado com o mesmo nas relações de direito. As formas de aquisição e de extinção dos direitos, tal como se denominam (prescrição aquisitiva e extintiva) têm suas diferenças: a aquisitiva se refere a um fato positivo (a posse), e a extintiva a um elemento negativo (abstenção e inércia do titular do direito). Em ambos os casos, adquirem-se direitos decorrentes da posse e se extinguem os direitos tanto reais como de crédito.

Podemos definir a prescrição extintiva como uma instituição de direito civil, pela qual, com o transcurso do tempo previsto em Lei, produz-se a extinção dos direitos pela inércia do seu titular, e essa instituição não se caracteriza somente pelo tempo, senão possui três requisitos:

1. a existência de um direito que se pode exercitar;
2. a falta de exercício por parte do titular, ou seja, a inércia do credor;

3. o transcurso do tempo determinado pela Lei, que varia segundo os casos.

8.2.3.2 Efeitos jurídicos da prescrição

O verdadeiro e fundamental efeito da prescrição é a extinção dos direitos e ações. Dessa forma, os Códigos regularam os prazos, para determinar a eficácia da mesma, mas nem todos coincidem em tais termos. Dividem-se os efeitos segundo a classificação dos bens (móveis e imóveis), atribuindo-se, em tal sentido, a não reclamação ou exercício dos direitos em um prazo que há de prescrever.

8.2.3.3 Distinção entre decadência e prescrição extintiva

Devemos diferenciar também a decadência da prescrição, pois, embora sejam denominações parecidas, podem ser confundidos seus respectivos conteúdos. Eis que também a decadência do direito geralmente se produz quando a Lei ou a vontade dos particulares estabelece um termo fixo para a sua duração, de tal forma que, ao transcorrer esse termo, já não poderá ser exercitado tal direito. Portanto, a decadência se relaciona estreitamente com a prescrição extintiva.

Para Daniel Peral, a prescrição extintiva é um modo geral de extinção das obrigações que está fulcrado no transcurso do tempo fixado pela lei. Por essa razão, disse o citado autor, "a prescrição pode confundir-se com a decadência, que também se baseia no transcurso do tempo".[168]

Mas, existem diferenças entre uma e outra, como dizíamos, a prescrição pressupõe o não-exercício da ação e supõe o abandono do direito, já que nesta se toma em consideração o não-exercício da ação, ou seja, a negligência certa ou suposta de quem deve postular pelo direito. A decadência se opera automaticamente e a prescrição em forma de exceção pelo devedor.

Conforme ensina Caio Mário da Silva[169], efeito do tempo na relação jurídica é, também, a decadência ou caducidade, que muito se aproxima da prescrição, diferindo, entretanto, nos seus fundamentos e no modo peculiar do operar. Decadência é o perecimento do direito potestativo, em razão do seu não-exercício em um prazo predeterminado. Com a prescrição tem estes pontos de contato: é um efeito do tempo, aliado a falta de atuação do

---

168 PERAL Collado, Daniel. Op. cit., p 225.

169 PEREIRA, Caio Mário da Silva. *Instituições de direito civil.* Rio de Janeiro, Forense, 2005, p. 689 - 691

titular. Mas diferem em que a decadência é a perda do direito potestativo pela falta de exercício em tempo prefixado, enquanto a prescrição extingue a pretensão um direito subjetivo que não tinha prazo para ser exercido, mas que veio a encontrar mais tarde um obstáculo como a criação de uma situação contrária, oriunda da inatividade do sujeito. O fundamento da prescrição encontra-se, como vimos, num interesse de ordem pública em que se não perturbem situações contrárias, constituídas através do tempo. O fundamento da decadência é não se ter sujeito utilizado de um poder de ação, dentro dos limites temporais estabelecidos à sua utilização. A prescrição é instituída com fundamento em um motivo de ordem pública, mas no interesse privado do favorecido, e, por esta razão, somente pode ser pronunciada a seu requerimento; a decadência, quando estabelecida por lei, é criada no interesse também da ordem pública, e pode ser decretada a requerimento do órgão do Ministério Público, e até *ex officio* (Código Civil, art. 210)

Podemos resumir esclarecendo que a prescrição procede da lei e a decadência de um ato jurídico ou da lei; que a prescrição extingue o direito pelo seu não-exercício e a decadência fixa de antemão o tempo durante o qual pode exercitar-se um direito. A prescrição extingue as ações e direitos por uma exceção apresentada pelo demandado (no Brasil, o Juiz, de ofício, pode reconhecer tanto uma quanto outra) e a decadência se opera de maneira direta, automática e fulmina o direito material (ainda que possa remanescer o direito de ação).

Em outras palavras, a prescrição extintiva ferirá de morte o direito material, indiretamente e através da perda do direito de reclamá-lo judicialmente. A decadência ou caducidade irá ferir de morte diretamente o direito substancial.

Segundo Silvio de Salvo Venosa, "como critério seguro de distinção, ao se examinar o caso específico, toma-se em consideração a origem da ação; se a origem for a mesma do direito e nasceu com ele, configura-se a decadência; se for diversa, se a ação nasceu posteriormente, quando o direito já era existente e vem a ser violado, tal ato caracteriza a prescrição. Vejamos alguns exemplos:

- O prazo de três meses para o marido contestar a legitimidade do filho, contado de seu regresso ao lar conjugal, se estava ausente, ou contado da data do conhecimento do nascimento, se lhe foi ocultado (art. 178, parágrafo 4º, I), é de decadência porque nasce ao mesmo tempo que o direito e tem a mesma origem.

- O prazo de um ano para os donos de casa de pensão, educação, ou ensino cobrarem as prestações de seus pensionistas, alunos ou aprendizes, contado o prazo do vencimento de cada um (art. 178, parágrafo 6º, VII), é de prescrição, porque a ação nasceu posteriormente ao direito e tem origem distinta deste. O direito de cobrança das pensões já existia, intuitivamente, quando foi ofendido. A ação origina-se da ofensa. Aquele que deixou de pagar no prazo devido, criou obstáculo ao exercício do direito. Daí nasceu a ação e começou a correr o prazo de prescrição" (Direito Civil - Teoria Geral. Introdução ao direito romano. Silvio de Salvo Venosa - Editora Atlas - 4ª edição, págs. 406 e 407).

Finalmente, deve-se deixar clara a existência das ações imprescritíveis, tais como aquelas concernentes aos direitos da personalidade (vida, honra, nome, liberdade, nacionalidade) e também aquelas concernentes ao estado de família, como a ação de separação judicial, a interdição, a investigação de paternidade, etc. (Silvio de Salvo Venosa, obra mencionada, pág. 405), além das ações do Estado para reivindicar seus bens, das ações dos co-herdeiros pleiteando a participação na herança.

8.2.4 O perecimento da coisa

Quanto ao perecimento ou perda da coisa, podemos afirmar que não foi unânime o critério sobre os modos e formas especiais de extinção das obrigações, pelo que se abordou esse tema com diversos enfoques.

Sucede que a perda da coisa nem sempre se tem visto teoricamente como forma de extinção, mas os Códigos Civis, de alguma maneira, assim a têm reconhecido. Essa forma se refere à impossibilidade do cumprimento por perecer o objeto da obrigação.

A expressão vulgar "coisa", não é o termo adequado que se deve utilizar para referir-se a essa forma de extinção, pois, como sabemos, ainda que esta se refira aos bens, nem todas as coisas são bens. Ainda que todos os bens sejam coisas, por outro lado, o termo "coisa" é genérico, e não só se identifica com este os bens senão também os serviços, e, como sabemos, o conteúdo de uma obrigação não se refere somente a dar algo, senão também a fazer, ou à abstenção de dar ou de fazer.

Nem sempre a perda do bem será forma de extinção das obrigações. Para que assim se considere, ela não pode ser imputada ao devedor, pelo que não pode estar presente culpa ou negligência alguma. Da mesma forma, a perda não pode se produzir antes de constituir a obrigação, pois ela haverá sido ineficaz e seu vínculo jurídico estaria limitado. Tampouco deve referir-se a perda a obrigações genéricas, senão às específicas, já que o gênero não desaparece, e, portanto, o devedor se vê obrigado a cumprir a obrigação de outra forma.

Tradicional e unanimemente, a perda foi regulada em relação à mora, considerando-se que esta não deve estar presente, quer dizer, que o devedor não deve haver incorrido em mora. Em sendo assim, poderá ser alegada essa causa de extinção.

Para o caso das obrigações de fazer, quando estas resultam impossíveis ou ilícitas, extinguem-se pela impossibilidade legal ou real do seu cumprimento.

8.2.5 Impossibilidade de execução

Se a prestação do fato se tornar impossível sem culpa do devedor, resolver-se-á a obrigação; se por culpa dele, responderá por perdas e danos. (Art. 248 do CC)

Extingue-se a obrigação de não fazer, desde que, sem culpa do devedor, se lhe torne impossível abster-se do ato, que se obrigou a não praticar. (Art. 250 do CC)

8.2.6 A condição e o termo resolutivo

Nem todas as obrigações são condicionais, e nem sempre o termo está presente. Quando esses elementos acidentais se incorporam ao ato jurídico, as mesmas se extinguem com o advento dos fatos futuros e incertos ou dos prazos ou datas (fatos futuros e certos), sempre que as condições e os termos sejam resolutivos ou finais.

> Art. 127. Se for resolutiva a condição, enquanto esta se não realizar, vigorará o negócio jurídico, podendo exercer-se desde a conclusão deste o direito por ele estabelecido.
>
> Art. 128. Sobrevindo a condição resolutiva, extingue-se, para todos os efeitos, o direito a que ela se opõe; mas, se aposta a um negócio de execução continuada ou periódica, a sua realização, salvo disposição em contrário, não tem eficácia quanto aos atos já praticados, desde que compatíveis com a natureza da condição pendente e conforme aos ditames de boa-fé.
>
> Art. 129. Reputa-se verificada, quanto aos efeitos jurídicos, a condição cujo implemento for maliciosamente obstado pela parte a quem desfavorecer, considerando-se, ao contrário, não verificada a condição maliciosamente levada a efeito por aquele a quem aproveita o seu implemento.
>
> Art. 130. Ao titular do direito eventual, nos casos de condição suspensiva ou resolutiva, é permitido praticar os atos destinados a conservá-lo.
>
> Art. 131. O termo inicial suspende o exercício, mas não a aquisição do direito.
>
> Art. 135. Ao termo inicial e final aplicam-se, no que couber, as disposições relativas à condição suspensiva e resolutiva.

8.2.7 A morte da pessoa natural

A morte da pessoa natural pode ser considerada uma situação causadora de extinção das obrigações sempre que envolva ou aconteça em relação a obrigações personalíssimas.

Como visto, existem obrigações de natureza que não admitem transmissão. Assim, tome-se como exemplo, as obrigações nascidas do contrato de serviço estabelecido com um artista ou profissional famoso. Aqui a natureza da obrigação se diz personalíssima e impossível de ser executada por terceiras pessoas (ex. mandatários, herdeiros etc.). É uma hipótese vinculada ao elemento subjetivo da obrigação constituída.

Já analisamos a intransmissibilidade ativa e passiva das obrigações em caso da morte do devedor e do credor. Para aquelas obrigações que nascem ou se constituem segundo características especiais e pessoais, as que foram denominadas como obrigações pessoais ou personalíssimas, que elevam a causas essenciais do vínculo a personalidade individual de um sujeito determinado. Estas não podem ser cumpridas por terceiras pessoas (herdeiros, co-devedores, fiadores, etc.), e, portanto, quando falecem as pessoas, perecem essas obrigações. Também, em casos especiais, a lei regula a incapacidade das pessoas para executar certos atos. Dessa maneira, em muitos Códigos, foi regulada a interdição, de modo que esta pode ser considerada como uma impossibilidade do cumprimento que gera a ruptura da relação jurídica obrigacional.

> Art. 247. Incorre na obrigação de indenizar perdas e danos o devedor que recusar a prestação a ele só imposta, ou só por ele exequível.
>
> Art. 607. O contrato de prestação de serviço acaba com a morte de qualquer das partes. Termina, ainda, pelo escoamento do prazo, pela conclusão da obra, pela rescisão do contrato mediante aviso prévio, por inadimplemento de qualquer das partes ou pela impossibilidade da continuação do contrato, motivada por força maior.
>
> Art. 626. Não se extingue o contrato de empreitada pela morte de qualquer das partes, salvo se ajustado em consideração às qualidades pessoais do empreiteiro.
>
> Art. 682. Cessa o mandato:
> I - pela revogação ou pela renúncia;
> II - pela morte ou interdição de uma das partes;
> III - pela mudança de estado que inabilite o mandante a conferir os poderes, ou o mandatário para os exercer;
> IV - pelo término do prazo ou pela conclusão do negócio.

8.2.8 Declarada incapacidade das partes

Art. 3º São absolutamente incapazes de exercer pessoalmente os atos da vida civil:

I - os menores de dezesseis anos;

II - os que, por enfermidade ou deficiência mental, não tiverem o necessário discernimento para a prática desses atos;

III - os que, mesmo por causa transitória, não puderem exprimir sua vontade.

Art. 4º São incapazes, relativamente a certos atos, ou à maneira de os exercer:

I - os maiores de dezesseis e menores de dezoito anos;

II - os ébrios habituais, os viciados em tóxicos, e os que, por deficiência mental, tenham o discernimento reduzido;

III - os excepcionais, sem desenvolvimento mental completo;

IV - os pródigos.

Parágrafo único. A capacidade dos índios será regulada por legislação especial.

Art. 5º A menoridade cessa aos dezoito anos completos, quando a pessoa fica habilitada à prática de todos os atos da vida civil.

Parágrafo único. Cessará, para os menores, a incapacidade:

I - pela concessão dos pais, ou de um deles na falta do outro, mediante instrumento público, independentemente de homologação judicial, ou por sentença do juiz, ouvido o tutor, se o menor tiver dezesseis anos completos;

II - pelo casamento;

III - pelo exercício de emprego público efetivo;

IV - pela colação de grau em curso de ensino superior;

V - pelo estabelecimento civil ou comercial, ou pela existência de relação de emprego, desde que, em função deles, o menor com dezesseis anos completos tenha economia própria.

Capítulo 9

Inadimplemento das Obrigações

Conforme foi explicado, o cumprimento (adimplemento) das obrigações é ato jurídico que implica a correta execução do pagamento por parte do devedor em favor dos credores. É o objetivo essencial, é o resultado almejado pelos sujeitos antes, ainda, da constituição do vínculo obrigacional.

Ora, nem sempre esse resultado é obtido de forma pacífica. Daí as obrigações podem se fazer cumprir forçosamente, isto é, de forma involuntária, anormal (ou forçada), quando o devedor não cumpre ou não tem o interesse de cumprir. Nesse caso o credor tem direito a acionar e reclamar seu cumprimento.

9.1 O inadimplemento das obrigações

Diz-se do descumprimento que decorre da negligência ou, mais gravemente, por dolo do devedor, estaremos diante de uma situação de inadimplemento culposo no cumprimento da obrigação, quer determinará o consequente dever de indenizar a parte prejudicada. Por outro lado, se a inexecução obrigacional derivou de fato não imputável ao devedor, incluído na categoria de caso fortuito ou força maior, configurar-se-á o inadimplemento fortuito da obrigação, sem consequências indenizatórias para qualquer das partes. Em algumas situações, todavia, a própria lei admite que a ocorrência de evento fortuito não exclui a obrigação de indenizar. Assim, por exemplo, como será visto ocorre quando a própria parte assume a responsabilidade de responder pelos prejuízos, mesmo tendo havido caso fortuito ou força maior (artigo 393 do Código Civil de 2002).[170]

9.1.1 Formas de inadimplemento das obrigações civis

[170] GAGLIANO, Pablo Stolze; PAMPLONA FILHO, Rodolfo. *Novo curso de direito civil.* São Paulo: Saraiva, 2005, p. 293.

O inadimplemento das obrigações, pode acontecer em razão de atuação mal-intencionada culposa ou dolosa ou de fato não imputável ao devedor. Se o descumprimento tem como causa e negligencia ou, mais gravemente, por dolo do devedor, estaremos diante de uma situação de inadimplemento culposo no cumprimento da obrigação, eu diria: voluntário, mal-intencionado ou causado pela atitude, ou falta de observância do devedor.

O fato é que, com o intuito de se garantir adimplemento, ainda que forçado, a legislação civil concede aos credores a tutela e proteção de seus interesses. Assim, a fim de caracterizar a inadimplência de certa obrigação, procura-se identificar quem tem o direito de exigir (*accipiens*), credores ou terceiros designado e respaldado legalmente; e quem o dever de cumprir (*solvens*), devedores ou pessoas interessadas (co-devedores, fiadores, herdeiros, etc.) ou não interessadas. Analisam-se, todavia, outros requisitos (ou elementos) essenciais do pagamento, a saber, o objeto, o tempo e o lugar do cumprimento e, como aspecto importante, as causas originárias do descumprimento quer voluntário (moroso, culposo ou doloso) quer involuntário (inadimplemento fortuito, pois não depende da vontade do devedor), assim como, a seguir explicamos.

9.1.1.1 O inadimplemento intencional ou voluntário

O inadimplemento intencional ou voluntário da obrigação produz a impossibilidade da realização da prestação total ou parcialmente. É um tipo de inadimplemento que nem sempre tem causas idênticas, embora a doutrina as caracteriza como atos ou omissões voluntárias que agridem os interesses do credor.

Contudo, o inadimplemento se diz voluntário quando a ação ou omissão provém, evidentemente, da vontade do devedor, isto é, quando o devedor, de forma voluntária, culposa ou negligente, descumpre a obrigação. Ele sabe que deve entregar (dar) numa certa data e não entrega, executa atos que afetam o normal cumprimento ou deixa de executar (fazer) atos afetando a execução da obrigação, assim como se dispõe no artigo 390 do Código Civil de 2002[171]. Muitas vezes, mesmo conhecendo das consequências do seu agir, impede a dinâmica da obrigação.

---

[171] Art. 390: "*Nas obrigações negativas o devedor é havido por inadimplente desde o dia em que executou o ato de que se devia abster*".

De forma geral, a doutrina internacional reconhece como causa do inadimplemento voluntário a seguintes: a) a mora; b) a culpa; c) o dolo. Vejamos, separadamente, cada uma delas.

A) Mora

A mora é a demora (delonga) causadora de inadimplemento voluntário e “relativo”[172] das obrigações. O vocábulo “mora” pode significar atraso no pagamento da dívida, tardança no cumprimento de uma obrigação. É o retardamento do credor ou do devedor no cumprimento duma obrigação, que tem um caráter voluntário e que impede o cumprimento normal das obrigações.

Conforme ensina Washington de Barros a mora é o retardamento na execução da obrigação imputável tanto ao devedor como ao credor, denomina-se *debitoris vel solvendi*, no primeiro caso, e *creditoris vel accipiendi*, no segundo. Incide o credor em mora se se recusa a receber o pagamento no tempo e lugar indicados no título constitutivo da obrigação, exigindo-o por forma diferente ou pretendendo que a obrigação se execute de modo diverso. Incorre em mora o devedor que não efetua pagamento no tempo, ou no lugar convencionados; ou ainda, que não cumpre a prestação pelo modo a que se obrigara.[173]

Assim, costuma-se falar de *mora solvendi* ou *debendi* imputável ao devedor e da *mora accipiendi* ou *credendi* (imputável ao credor) que representa o retardamento culposo de quem tem o direito de receber o pagamento. O credor não tem obrigação de receber, tampouco o direito de impedir o cumprimento. Como já foi explicado, para o caso em que os credores obstaculizem o cumprimento da obrigação, a lei reconhece formas de pagamento que oferecem determinadas garantias e proteção para os devedores, por exemplo: o pagamento em consignação (ou consignação em pagamento) já examinado no capítulo anterior.

De acordo com o estabelecido no Código Civil de 2002 (artigo 394): “*Considera-se em mora o devedor que não efetuar o pagamento e o credor que não quiser recebê-lo no tempo, lugar e forma que a lei ou a convenção estabelecer*”.

Da análise do citado texto legal, a mora *solvendi* ou *debendi* alberga a existência de um fato imputável ao devedor. É, nesse sentido que o legislador dispõe no artigo 396 do Código Civil de 2002: “*Não havendo fato ou omissão imputável ao devedor, não incorre este em mora*”.

---

[172] Tipo de inadimplemento de obrigações, ainda, passíveis de serem cumpridas. Prestações que, ainda, não cumprida no tempo, lugar e forma convencionados, são possíveis de realização.

[173] MONTEIRO, Washington de Barros. *Curso de Direito Civil - Direito das Obrigações*. 1ª Parte. 26. ed. São Paulo: Saraiva, 1993. v. 4, p. 261.

Por outro lado, a mora dá-se como causa de inadimplemento da obrigação, positiva e líquida, no seu termo, constitui de pleno direito em mora o devedor. Não havendo termo, a mora se constitui mediante interpelação judicial ou extrajudicial. (Artigo 397 do Código Civil de 2002)

Caberia aqui levanta a seguinte questão: verifica-se a mora nas obrigações condicionais? Quanto a isso, pensamos que, embora não mencionado na citada regra, será exigível a obrigação vencida, e, portanto, o retardamento do cumprimento caracteriza a mora. Cabe perguntar se as obrigações condicionais, consideradas vencidas, caracterizam a mora.

Por outro lado, uma parte da doutrina reconhece como requisito da mora do devedor a existência de obrigações líquidas e certas. São as obrigações certas e determinadas em sua quantidade. Em caso de obrigações recíprocas e puras aparece a mora desde que uma das partes a cumpra a obrigação.

Finalmente queremos referenciar que, via de regra, nas obrigações provenientes de ato ilícito, considera-se o devedor em mora, desde que o praticou. (Artigo 398 do Código Civil de 2002)

B) Culpa

É culposo o inadimplemento desde que a inexecução da obrigação decorra de um fato imputável ao devedor, sendo este responsável pelos prejuízos ocasionados. Eis o pressuposto da responsabilidade derivada tanto da culpa como também, como veremos, do dolo.

Em tais casos, afirma Serpa Lopes, cabe a aplicação das regras inerentes à responsabilidade do homem pelos seus atos. Não se desconhece que a responsabilidade, excepcionalmente, pode recair sobre o devedor, independentemente da presença de qualquer daquelas duas situações volitivas, mas, na verdade, incontestável se torna, a despeito de todas as divergências, fundar-se normalmente a responsabilidade no dolo ou na culpa.[174]

A culpa, na verdade, provém de um ato que não chega a ser intencional, do qual se derivam perdas e danos. Presume-se aqui a imprudência ao não ser prever ou calcular dos atos e das omissões, seus efeitos.

Na culpa, afirma Caio Mário da Silva Pereira, encontramos o fator inadimplemento, porém despido da consciência da violação. A ação é voluntária, no que diz respeito à materialidade do ato gerador das consequências danosas. Mas o agente não procura o dano como objetivo de sua conduta, nem procede com a consciência da infração. Daquela ação derivam consequências prejudiciais, que não podem ficar livres da reparação. Há, assim, um

[174] SERPA Lopes, Miguel Maria de. *Curso de Direito Civil*. Vol. II. 6. ed. Rio de Janeiro: Freitas Bastos, 1995, p. 335.

encadeamento de fatos e consequências: uma atuação voluntária ainda que sem a consciência da transgressão; um dano a alguém; uma obrigação de repará-la, porque a conduta foi contraveniente à imposição de uma norma.[175]

Contudo, a culpa geralmente é vista como sendo uma infração legal que provoca lesão no direito alheio. Essa expressão tende a confundir a culpa com o dolo, mas, entre outros elementos, esta se diferencia do dolo pela falta de diligência, pela imprudência e pela negligência que produz um dano a outra pessoa.

De acordo com Daniel Peral a culpa contratual advém de uma ação ou omissão voluntárias, mas sem malícia, que impede o cumprimento normal de uma obrigação[176]. Logo, por meio da culpa, o devedor descumpre a obrigação pela falta de diligencia e ou inobservância das possíveis consequências derivadas dos atos executados.

A culpa tem sido considerada uma das causas do inadimplemento das obrigações em diversas legislações, sendo também considerada importante sua regulamentação pelo legislador brasileiro, assim como se verifica nas diversas hipóteses contempladas no Código Civil de 2002[177], de cuja análise podemos derivar que na legislação brasileira, a culpa é sim considerada como uma das causas importantes de extinção das obrigações.

C) Dolo

Acreditamos que o dolo é também uma forma de extinção de obrigação. Diz-se que existe dolo quando o devedor, de forma voluntária e consciente, descumpre a obrigação conhecendo as consequências desse descumprimento.

De acordo com Caio Mário, "a vontade do agente pode dirigir-se para o resultado maléfico, e, sabendo do mal que sua conduta irá gerar, quer este resultado, apesar de suas consequências conhecidas"[178]. Conforme Daniel Peral, o dolo envolve uma ação ou uma omissão voluntária e consciente dirigida a produzir um resultado antijurídico.[179]

A responsabilidade derivada por atos dolosos foi também objeto de regulamentação jurídica. Tomem-se como exemplos as seguintes regras:

---

[175] SILVA Pereira, Caio Mário da. *Instituições de Direito Civil*. 15. ed. vol 2. Rio de Janeiro: Forense, 1997, p. 232.

[176] PERAL Collado, Daniel. *Obligaciones y contrato civiles*. MES. La Habana, 1980, p. 205.

[177] Vejam-se os seguintes artigos: 251, 263, 280, 292, 399, 414, 458, 459, 567, 600, 612, 613, 625, 667, 676, 678, 697, 735, 769, 927, 929, 930, 931, 933, 936, 944, 945, 1.016, 1.216, 1.408, 1.410, 1.427, 1.433, 1.435, 1481, 1.508, 1.564, 1.752, 1.939 e 2.020 do Código Civil de 2002.

[178] SILVA Pereira, Caio Mário da. *Instituições de Direito Civil*. 15. ed. vol 2. Rio de Janeiro: Forense, 1997, p. 230.

[179] PERAL Collado, Daniel. *Obligaciones y contrato civiles*. MES. La Habana, 1980, p. 206.

1- "*As pessoas jurídicas de direito público interno são civilmente responsáveis por atos dos seus agentes que nessa qualidade causem danos a terceiros, ressalvado direito regressivo contra os causadores do dano, se houver, por parte destes, culpa ou dolo*". (Artigo 43 do Código Civil de 2002).

2- "*Nos contratos benéficos, responde por simples culpa o contratante, a quem o contrato aproveite, e por dolo aquele a quem não favoreça. Nos contratos onerosos, responde cada uma das partes por culpa, salvo as exceções previstas em lei*". (Art. 392 do Código Civil de 2002).

3- "*A mora do credor subtrai o devedor isento de dolo à responsabilidade pela conservação da coisa, obriga o credor a ressarcir as despesas empregadas em conservá-la, e sujeita-o a recebê-la pela estimação mais favorável ao devedor, se o seu valor oscilar entre o dia estabelecido para o pagamento e o da sua efetivação*". (Art. 400 do Código Civil de 2002).

4- "*Ainda que a inexecução resulte de dolo do devedor, as perdas e danos só incluem os prejuízos efetivos e os lucros cessantes por efeito dela direto e imediato, sem prejuízo do disposto na lei processual*". (Art. 403 do Código Civil de 2002).

Noutras diversas normas o dolo aparece como sendo uma causa importante de anulabilidade e de responsabilidade jurídica.[180]

9.1.1.2 O inadimplemento involuntário ou fortuito

Existe, todavia, um tipo de inadimplemento chamado de involuntário que depende de acontecimentos imprevisíveis ou inevitáveis. É um tipo de inadimplemento fortuito, não imputável ao devedor, que considerado modo extintivo de responsabilidade, a doutrina assim

---

[180] Vejam-se os seguintes artigos: 48, 145, 146, 147, 148, 149, 150, 171, 353, 451, 458, 762, 814, 849, 1.235 e 1.752.

os denomina: a) *caso fortuito* e; b) a *força maior*. São causas que, ainda contrária à vontade do devedor, doutrinas e leis assim os consideram:

A) Caso fortuito

O *caso fortuito* é, geralmente, associado a fatos imprevisíveis e inevitáveis que afetam o cumprimento das obrigações. "O fortuito deriva de *fora*, e mais diretamente de *fortuna*, entendida, porém, esta, no sentido de *desgraça* ou de *triste acontecimento*, já que o *casus fortuitus* juridicamente não se reputa mais um acontecimento bom e feliz, atento a que dele decorre um dano, razão pela qual o *casus fortuitus* é chamado no direito romano de *periculu*".[181]

Por alguma razão, exclui-se do *caso fortuito* toda *culpa*, pois a origem do acontecimento não pode imputar-se ao devedor. Assim, podemos deduzir que o *caso fortuito* começa quando a *culpa* acaba. Considere-se, como exemplo, o fato natural e involuntário, a saber, cargas elétricas, inundação, chuvas intensas, enchentes, movimentos telúricos etc.

B) Força maior

Já, de acordo com uma boa parte da doutrina, a *força maior*, ora vista também como uma causa do inadimplemento, é engendrada por fatos nascidos da vontade de terceiras pessoas, aléias à relação jurídica obrigacional. Tais fatos são também considerados imprevisíveis e inevitáveis, exemplos, a violência insuperável: o assalto, sequestro etc.

Conforme ensina Serpa Lopes, a distinção entre o *caso fortuito* e a *força maior* não preocupou os grandes comentadores do Código de Napoleão. Aquelas duas modalidades eram por eles consideradas como termos sinônimos, com igual valor de exoneração de responsabilidade, traduzindo todos os dois um acontecimento que ultrapassa a vontade do devedor, constituindo um obstáculo intransponível à execução da obrigação.[182]

Devido à importância deste instituto o legislador brasileiro considerou que o devedor não responde pelos prejuízos resultantes de caso fortuito ou força maior, se expressamente não se houver por eles responsabilizado. Assim, o caso fortuito ou a força maior verificam-se nos fatos necessários, cujos efeitos não são possíveis evitar ou impedir. (Art. 393 do Código Civil de 2002).

9.1.2 Consequências do inadimplemento das obrigações

---

181 SERPA Lopes, Miguel Maria de. *Curso de Direito Civil*. Vol. II. 6. ed. Rio de Janeiro: Freitas Bastos, 1995, p. 373

182 SERPA Lopes, Miguel Maria de. *Curso de Direito Civil*. Vol. II. 6. ed. Rio de Janeiro: Freitas Bastos, 1995, p. 376.

Conforme seus efeitos, a inexecução das obrigações pode ser classificada da seguinte maneira: *absoluta* ou *relativa.*

a) *absoluta*, quando seu efeito impossibilita o credor de receber a prestação devida, por exemplo, a destruição total ou parcial da coisa específica e determinada que deveria ser entregue pelo devedor (artigo 389 do Código Civil de 2002);

b) *relativa*, quando a obrigação não cumprida no tempo estabelecido, ainda é possível de ser realizada, por exemplo, o inadimplemento moroso (artigo 394 a 401 do Código Civil de 2002).

Ora, em ambos os casos o inadimplemento engendra consequências já previstas na lei. Contudo, não cumprida a obrigação, responde o devedor por *perdas e danos*, mais *juros* e atualização monetária segundo índices oficiais regularmente estabelecidos, e honorários de advogado, conforme se dispõe no artigo 389 do Código Civil de 2002. Fala-se de uma afetação patrimonial também prevista no artigo 391 do próprio código.[183]

Vemos como construtos linguísticos constitutivos da regra citada regra duas frases importantes, a saber: perdas e danos e juros que, na minha opinião merecem um comentário.

A) Perdas e danos

A expressão implica a indenização dos prejuízos patrimoniais quer materiais e morais, experimentados e como consequência do inadimplemento, que exige como veremos a atuação intencionada (dolosa ou morosa) ou culposa de alguma das partes e abrange, salvo exceções legais, além do que efetivamente se perdeu (dano emergente) ou que razoavelmente deixou-se de lucra (lucro cessante).

B) Juros

O vocábulo "juro", do ponto de vista econômico, pode significar: *a importância cobrada, por unidade de tempo, pelo empréstimo de dinheiro* expressa, geralmente, em porcentagem da soma emprestada (ex.: juro de 12% ao ano). A denominação *juro composto*, por exemplo, representa o que se adiciona em cada período à importância do empréstimo,

[183] Artigo 391 do Código Civil de 2002: "*Pelo inadimplemento das obrigações respondem todos os bens do devedor*".

para cálculo do juro devido no período subsequente. *Juro de mora* representaria o que é cobrado em acréscimo ao juro normal, como multa pelo atraso de pagamento. *Juro simples*: o que não se adiciona em cada período à importância do empréstimo, para cálculo do juro devido no período subsequente. Em fim, pagar com juros é pagar caro.

Juridicamente falando, por meio do vocábulo "juro" indica-se o rendimento do capital (preço de uso) ou *fruto civil* correspondente a uma dada remuneração quer por compensação (juros compensatórios) quer por mora (juros moratórios).

9.1.2.1 Consequências do inadimplemento intencional ou voluntário

Do descumprimento da obrigação por mora, culpa ou dolo decorre o dever de se indenizar a parte prejudicada. Especificamente, no caso de mora, o devedor responde pelos prejuízos a que sua mora der causa, mais juros, atualização dos valores monetários segundo índices oficiais regularmente estabelecidos, e honorários de advogado. Todavia, se e a prestação, devido à mora, se tornar inútil ao credor, este poderá enjeitá-la, e exigir a satisfação das perdas e danos. (Art. 395 do Código Civil de 2002).

O devedor em mora responde igualmente pela impossibilidade da prestação, embora essa impossibilidade resulte de caso fortuito ou de força maior, se estes ocorrerem durante o atraso; salvo se provar isenção de culpa, ou que o dano sobreviria ainda quando a obrigação fosse oportunamente desempenhada. (Art. 399 do Código Civil de 2002).

Por outro lado, a mora do credor subtrai o devedor isento de dolo à responsabilidade pela conservação da coisa, obriga o credor a ressarcir as despesas empregadas em conservá-la, e sujeita-o a recebê-la pela estimação mais favorável ao devedor, se o seu valor oscilar entre o dia estabelecido para o pagamento e o da sua efetivação. (Art. 400 do Código Civil de 2002).

A purgação e ou cessação da mora se verifica quando:

1- o devedor oferecendo a prestação mais a importância dos prejuízos decorrentes do dia da oferta;

2- o credor se dispõe a receber o pagamento sujeitando-se aos efeitos da mora até a mesma data. (Art. 401 do Código Civil de 2002).

Reservam-se, também, caso haja culpa no inadimplemento diversas consequências, a saber:

1- Da responsabilidade civil das pessoas jurídica de direito público interno: "*As pessoas jurídicas de direito público interno são civilmente responsáveis por atos dos seus agentes que nessa qualidade causem danos a terceiros, ressalvado direito regressivo contra os causadores do dano, se houver, por parte destes, culpa ou dolo*". (Art. 43 do Código Civil de 2002).

2- Da perda e o deterioro da coisa com ou sem culpa do devedor:

> - "*Se (...) a coisa se perder, sem culpa do devedor, antes da tradição, ou pendente a condição suspensiva, fica resolvida a obrigação para ambas as partes; se a perda resultar de culpa do devedor, responderá este pelo equivalente e mais perdas e danos*". (Art. 234 do Código Civil de 2002).
>
> - "*Deteriorada a coisa, não sendo o devedor culpado, poderá o credor resolver a obrigação, ou aceitar a coisa, abatido de seu preço o valor que perdeu*". (Art. 235 do Código Civil de 2002).
>
> - "*Sendo culpado o devedor, poderá o credor exigir o equivalente, ou aceitar a coisa no estado em que se acha, com direito a reclamar, em um ou em outro caso, indenização das perdas e danos*". (Art. 236 do Código Civil de 2002).
>
> - "*Se a obrigação for de restituir coisa certa, e esta, sem culpa do devedor, se perder antes da tradição, sofrerá o credor a perda, e a obrigação se resolverá, ressalvados os seus direitos até o dia da perda*". (Art. 238 do Código Civil de 2002).
>
> - "*Se a coisa se perder por culpa do devedor, responderá este pelo equivalente, mais perdas e danos*". (Art. 239 do Código Civil de 2002).

- "*Se a coisa restituível se deteriorar sem culpa do devedor, recebê-la-á o credor, tal qual se ache, sem direito a indenização; se por culpa do devedor, observar-se-á o disposto no art. 239*". (Art. 240 do Código Civil de 2002).

3- Da impossibilidade da prestação com ou sem culpa do devedor:

- "*Se a prestação do fato tornar-se impossível sem culpa do devedor, resolver-se-á a obrigação; se por culpa dele, responderá por perdas e danos*". (Art. 248 do Código Civil de 2002).

- "*Se, por culpa do devedor, não se puder cumprir nenhuma das prestações, não competindo ao credor a escolha, ficará aquele obrigado a pagar o valor da que por último se impossibilitou, mais as perdas e danos que o caso determinar*". (Art. 254 do Código Civil de 2002).

- "*Quando a escolha couber ao credor e uma das prestações tornar-se impossível por culpa do devedor, o credor terá direito de exigir a prestação subsistente ou o valor da outra, com perdas e danos; se, por culpa do devedor, ambas as prestações se tornarem inexequíveis, poderá o credor reclamar o valor de qualquer das duas, além da indenização por perdas e danos*". (Art. 255 do Código Civil de 2002).

- "*Se todas as prestações se tornarem impossíveis sem culpa do devedor, extinguir-se-á a obrigação*". (Art. 256 do Código Civil de 2002).

- "*Impossibilitando-se a prestação por culpa de um dos devedores solidários, subsiste para todos o encargo de pagar o equivalente; mas pelas perdas e danos só responde o culpado*". (Art. 279 do Código Civil de 2002).

4- Da extinção da obrigação de não fazer sem culpa do devedor: "*Extingue-se a obrigação de não fazer, desde que, sem culpa do devedor, se lhe torne impossível abster-se do ato, que se obrigou a não praticar*". (Art. 250 do Código Civil de 2002).

Por meio de outras regras dispõem-se consequências jurídicas apreciáveis, a saber:

5- "*Nos contratos benéficos, responde por simples culpa o contratante, a quem o contrato aproveite, e por dolo aquele a quem não favoreça. Nos contratos onerosos, responde cada uma das partes por culpa, salvo as exceções previstas em lei*". (Art. 392 do Código Civil de 2002).

9.1.2.2 Consequências do inadimplemento involuntário ou fortuito

O descumprimento causado por caso fortuito ou força maior não engendra consequências indenizatórias. Sempre que se consiga enquadrar o inadimplemento nessas categorias, já vimos, exonera-se de responsabilidade o devedor. Isto é assim, pois como explicado, o inadimplemento provém de fatos involuntários, imprevisíveis e inevitáveis.

Nestas situações, as obrigações se extinguem sempre que as prestações sejam impossíveis pelo perecimento dos bens ou pela impossibilidade e execução da prestação (atividade ou serviços), exemplos: proibição legal, impedimento natural.

Nestes casos se pode extinguir a obrigação total ou parcialmente, sempre que a impossibilidade repercuta em toda a prestação ou numa parte dela. Não obstante pode, por exceção, não se extinguir a obrigação, quando os devedores assumem essa responsabilidade contratualmente e quando a mesma lei o impõe para determinadas relações contratuais, como visto no artigo 393 do Código Civil de 2002.

Capítulo 10

Teoria da Responsabilidade Civil

Comumente concebe-se a responsabilidade como a capacidade de entendimento *ético -jurídico* e determinações volitivas tomadas por pessoa capaz, que constitui pressuposto legal necessário da sanção penal, civil, ou moral ou para a designação da obrigação de reparar o dano material ou moral causado a outros. Indica-se, assim, por exemplo, a *responsabilidade moral* como uma situação de um agente consciente com relação aos atos que ele pratica voluntariamente.

Todavia, o vocábulo "responsabilidade" etimologicamente se faz derivar do verbo *respondere*, significando tomar sobre si ou para si as consequências dos seus atos. É mesmo um elemento constitutivo do vínculo obrigatório representativo da via, forma ou meio de restituir o equilíbrio nas relações jurídicas, direito da parte lesada. Trata-se de uma forma de satisfação pela qual as pessoas ficarão compelidas a responder pelos danos que, culposa ou dolosamente, causarem (direta ou indiretamente) a uma das partes ou a terceiros.

Assim, pesamos, o fundamento e a origem da responsabilidade parece estar assentado na execução de ações prejudiciais a terceiros e na assunção das consequências derivadas.

10.1 A responsabilidade jurídica: conceito e evolução histórica

Do ponto de vista jurídico o vocábulo "responsabilidade" pode significar a sujeição de uma pessoa que vulnera um dever de conduta legalmente imposto em interesse de outro ou outros, do qual deriva a reparação do dano produzido.[184]

Existem, contudo, diversas maneira de classificar a responsabilidade:

1) a *responsabilidade contratual*; derivada da violação de um dever que tem como causa o contrato;

2) a *responsabilidade extracontratual* (*aquiliana*); derivada dos danos causados pela violação de um dever (*neminem laedere*) quer uma abstenção quer um comportamento lesivo abrangendo também a responsabilidade derivada dos crimes.

---

184 DÍEZ-PICAZO, Luis e Antonio Gullón. *Instituciones del Direito Civil*. Madrid: Tecnos, vol 1, 1995, p. 820.

Diz-se que a responsabilidade extracontratual foi a primeira forma de expressão da responsabilidade jurídica. No direito romano, por exemplo, a obrigação derivada do dano incluía todos os casos de crimes culposos e se fundamentava na *Lex Aquilia*, que serviu para estruturar um sistema mais ou menos teórico sobre a responsabilidade civil.[185]

Sociedades primitivas adotaram a vingança como uma das formas de ressarcimento dos danos causados, tem-se como exemplo as disposições verificadas na Lei das XII Tábuas[186]. Mudanças positivas constataram-se num período posterior, ao ser modificado o direito por meio da *Lex Aquilia de damno*, estabelecendo-se, assim, as bases para o ressarcimento dos danos (responsabilidade pecuniária). Já, na época medieval logrou-se distinguir a responsabilidade derivada dos atos ou condutas *dolosas* e *culposas*, distinguindo-se, todavia, a responsabilidade *civil* da *penal*.

10.1.1 Fundamento e significação da responsabilidade civil

Convém conceber a *responsabilidade civil* como um meio de se obter, através da aplicação de medidas que obrigam a reparar o dano "moral" ou "patrimonial", uma compensação resultante de ações ou de omissões provocadas por pessoas, animais e coisas.

Diz-se que a responsabilidade civil deriva da agressão a um interesse eminentemente particular, sujeitando o infrator, ao pagamento de uma compensação pecuniária à vitima, caso não possa repor *in natura* o estado anterior de coisas, decompondo-se, assim, nos seguintes elementos: a) conduta (ação ou omissão positiva ou negativa); b) dano; c) nexo de causalidade.[187]

De acordo com o estabelecido no Código Civil Brasileiro (artigo 186) comete ato ilícito, aquele que, por ação ou omissão voluntária, negligência ou imprudência, violar direito e causar dano a outrem, ainda que exclusivamente moral. Também comete ato ilícito o titular de um direito que, ao exercê-lo, excede manifestamente os limites impostos pelo seu fim econômico ou social, pela boa-fé ou pelos bons costumes. (Art. 187 do Código Civil de 2002).

Do ponto de vista normativo, o legislador brasileiro dispõe uma dada consequência jurídica para tais casos; uma responsabilidade jurídica civil definida como a obrigação de

[185] VALPUESTA Fernandez, María R.e outros. *Direito de Obrigações e Contratos*. Valência: Tirant lo Blanch, 1995, p 472.

[186] BONFANTE, Pietro. *História del Direito Romano*. Madrid: Revista de Direito Privado, vol 1, 1944. "FRAGMENTOS DA LEI DAS XII TÁBUAS: TÁBUA VIII (*De juribus praediorum*)".

[187] GAGLIANO, Pablo Stolze; PAMPLONA FILHO, Rodolfo. *Novo curso de direito civil: Responsabilidade civil*. 3. ed. ver. São Paulo: Saraiva, 2005, p. 9.

reparar os danos causados; assim como se lemos: "*Aquele que, por ato ilícito (arts. 186 e 187), causar dano a outrem, fica obrigado a repará-lo*". Todavia, haverá obrigação de reparar o dano, independentemente de culpa, nos casos especificados em lei, ou quando a atividade normalmente desenvolvida pelo autor do dano implicar, por sua natureza, risco para os direitos de outrem. (Art. 927 do Código Civil de 2002).

Em essência, a finalidade almejada com o reconhecimento da responsabilidade civil é a de poder compensar juridicamente os danos causados. Logo, a responsabilidade civil apresenta-se como um recurso, em primeiro lugar, opera de acordo com a gravidade do dano causado e, em segundo lugar, pode ser exigível (transmissível) a terceiras pessoas dentro dos limites impostos pela lei e a natureza das obrigações (obrigações não personalíssimas).

Interessantes exceções constatam-se nas regras dos artigos 188, 929 e 930 do Código Civil de 2002, nos quais dispõe-se, entre outras coisas, que não constituem atos ilícitos: a) os praticados em legítima defesa ou no exercício regular de um direito reconhecido; b) a deterioração ou destruição da coisa alheia, ou a lesão a pessoa, a fim de remover perigo iminente. Neste último caso considerar-se-á legítimo o ato somente quando as circunstâncias o tornarem absolutamente necessário, não excedendo os limites do indispensável para a remoção do perigo. Igualmente, se a pessoa lesada (ou o dono da coisa) não forem culpados do perigo, assistir-lhes-á direito à indenização do prejuízo que sofreram.

Interligado aos anteriores incisos encontra-se a seguinte hipótese: se o perigo ocorrer por culpa de terceiro, contra este terá o autor do dano ação regressiva para haver a importância que tiver ressarcido ao lesado. Sendo que, a mesma ação competirá contra aquele em defesa de quem se causou o dano. (Vejam-se os artigos 929 e 930 do Código Civil de 2002)

Deve-se notar que o legislador brasileiro, ao prescrever a *obrigação de reparar o dano* (artigo 927) considerou como premissas principais:

1) a existência de uma ação ou omissão voluntária, negligência ou imprudência antijurídica e causadora de danos, ainda que exclusivamente moral (*ato ilícito*). (Art. 186 do Código Civil de 2002);

2) o exercício do direito excedendo manifestamente os limites impostos pelo seu fim econômico ou social, pela boa-fé ou pelos bons costumes (Art. 187 do Código Civil de 2002).

Como visto, o caráter lícito ou ilícito do ato jurídico é causa da obrigação de ressarcir os danos, segundo se estabelece nos artigos 929 e 930. Igualmente, verifica-se a culpa e se avalia a responsabilidade dos atos, segundo as regras do próprio Código Civil, *verbi gratia*, vejam-se os artigos 941, 942, 946, 948.[188]

Contudo, visualiza-se a reparação do dano como uma necessidade evidente de compensar os efeitos negativos que recaem nas pessoas lesadas, se fazendo possível a restituição do *statu quo* anterior ao *ato ilícito*. Como citado, viabiliza-se tal compensação por meio dos bens dos responsáveis pela ofensa (artigo 942).

Em suma, o conteúdo da responsabilidade civil diz respeito à integridade e não à parcialidade na restituição da coisa.

10.1.2 Responsabilidade contratual e extracontratual

É preciso fixar a significação de ambos tipos de responsabilidades: *contratual* e *extracontratual* (ou *aquiliana*). A primeira tem como causa o inadimplemento de uma obrigação derivada de um contrato, pelo qual será necessária a satisfação de um interesse concreto. Já, a segunda, abrange interesses mais gerais, garantindo-se o ressarcimento dos danos causados por diversas outras causas, e que afeta pessoas e coisas, pela não observância de uma norma legal.

O Direito Civil tradicional considerou *responsabilidade contratual* como sendo parte importante da teoria do cumprimento das obrigações, assim como se lê nos artigos 389 e seguintes e 395 e seguintes do Código Civil de 2002[189]. Reconheciam-se, assim, a possibilidade e limites legais da exigência do ressarcimento dos prejuízos ocasionados pelo

---

[188] Art. 941. "*As penas previstas nos arts. 939 e 940 não se aplicarão quando o autor desistir da ação antes de contestada a lide, salvo ao réu o direito de haver indenização por algum prejuízo que prove ter sofrido*".
Art. 942. "*Os bens do responsável pela ofensa ou violação do direito de outrem ficam sujeitos à reparação do dano causado; e, se a ofensa tiver mais de um autor, todos responderão solidariamente pela reparação*".
"*Parágrafo único. São solidariamente responsáveis com os autores os co-autores e as pessoas designadas no art. 932*".
Art. 946. "*Se a obrigação for indeterminada, e não houver na lei ou no contrato disposição fixando a indenização devida pelo inadimplente, apurar-se-á o valor das perdas e danos na forma que a lei processual determinar*".
Art. 947. "*Se o devedor não puder cumprir a prestação na espécie ajustada, substituir-se-á pelo seu valor, em moeda corrente*".
Art. 948. "*No caso de homicídio, a indenização consiste, sem excluir outras reparações:*
I - no pagamento das despesas com o tratamento da vítima, seu funeral e o luto da família;
II - na prestação de alimentos às pessoas a quem o morto os devia, levando-se em conta a duração provável da vida da vítima".

[189] Art. 389. "*Não cumprida a obrigação, responde o devedor por perdas e danos, mais juros e atualização monetária segundo índices oficiais regularmente estabelecidos, e honorários de advogado*". Vejam-se os artigos: 390 a 393.

inadimplemento das obrigações derivadas dos contratos, isto é, que teriam como causa (ou fonte) o contrato. Eis que a *responsabilidade contratual* nasce do descumprimento de uma obrigação prévia pactuada e bem definida no clausulado contratual pré-constituído, do qual derivam consequências positivas para o lesado e negativas para o culpado, assim previstas num sistema de normas.

Diferentemente da *responsabilidade contratual*, a *responsabilidade extracontratual* ou *aquiliana* se caracteriza pela não existência de vínculo jurídico anterior, e tem como fundamento a não-observância (ou desobediência) de normas jurídicas que tutelam interesses mais gerais, garantindo-se, assim, o ressarcimento dos danos que recaem nas pessoas e nas coisas. Vejam-se os artigos 186 a 188 e 927 e seguintes do Código Civil de 2002. Verifica-se, portanto, que ambos sistemas de responsabilidades se diferenciam pelo tipo de interesse protegido.

10.1.2.1 A responsabilidade extracontratual e a responsabilidade por crimes

O conceito "responsabilidade" também se estende a outros ramos do direito. Pode-se falar, por exemplo, de responsabilidade: penal, tributária, econômica, administrativa, empresarial etc.

Como já explicado, a responsabilidade implica a reparação do dano quer moral quer patrimonial. Ela pode derivar dos atos executados por *terceiros*, hipóteses previstas no artigo 932 do Código Civil 2002, por *animais*, hipóteses contemplada no artigo 936 do Código Civil de 2002, ou por *coisas*, hipóteses conferidas nos artigos 937 e 938 do Código Civil de 2002.[190]

Todavia, ela pode resultar de atos imorais ou ilegais (ex: atos ilícitos civis ou atos ilícitos penais). Passemos, logo, a estudar a diferença e relação possíveis entre a responsabilidade *extracontratual* e a responsabilidade *por crimes*.

---

[190] Art. 932. "*São também responsáveis pela reparação civil:*
I - os pais, pelos filhos menores que estiverem sob sua autoridade e em sua companhia;
II - o tutor e o curador, pelos pupilos e curatelados, que se acharem nas mesmas condições;
III - o empregador ou comitente, por seus empregados, serviçais e prepostos, no exercício do trabalho que lhes competir, ou em razão dele;
IV - os donos de hotéis, hospedarias, casas ou estabelecimentos onde se albergue por dinheiro, mesmo para fins de educação, pelos seus hóspedes, moradores e educandos;
V - os que gratuitamente houverem participado nos produtos do crime, até a concorrente quantia".
Art. 936. "*O dono, ou detentor, do animal ressarcirá o dano por este causado, se não provar culpa da vítima ou força maior*".
Art. 937. "*O dono de edifício ou construção responde pelos danos que resultarem de sua ruína, se esta provier de falta de reparos, cuja necessidade fosse manifesta*".
Art. 938. "*Aquele que habitar prédio, ou parte dele, responde pelo dano proveniente das coisas que dele caírem ou forem lançadas em lugar indevido*".

Uma das diferenças observadas entre a *responsabilidade extracontratual* e a responsabilidade *por crimes* diz respeito aos diferentes sistemas jurisdicionais. Eis que, se bem a culpa extracontratual também é provida de sanções, a jurisdição penal tem objeto e finalidades distintas da civil.

O ato *ilícito penal*, por exemplo, acarreta sempre uma ofensa contra o interesse público e, por isso, o estado tem capacidade para perseguir e sancionar ao criminoso com o objetivo de proteger a sociedade. Já, o sistema de responsabilidade civil tem como objetivo garantir a compensação da vítima do dano, assim sendo, sua finalidade não está no castigo do agente, mas a compensação do prejudicado.

A distinção tem uma importância teórica-prática significativa. Veja-se que a responsabilidade extracontratual não é regida pela presunção de inocência, diferentemente do que acontece na responsabilidade derivada dos crimes. Todavia, a responsabilidade extracontratual não está sujeita ao princípio da tipicidade, como acontece com os crimes no tipificados no Código Penal.

10.2 Responsabilidade civil subjetiva e objetiva

De forma geral, a responsabilidade pode decorrer do dano causado em função de um ato doloso ou culposo. Ora, a responsabilidade pode ser *subjetiva* ou *objetiva* conforme seja ou não considerada a *culpa* uma premissa para a indenização (ou reparação) do dano.

A responsabilidade *subjetiva* resulta do comportamento do agente em relação à vítima, pelo qual se faz necessário provar a existência de culpa, premissa necessária para a exigência da indenização. Contudo, o sistema subjetivo da responsabilidade é fundamentado na culpa.

De acordo com Luis Díez-Picazo[191], a responsabilidade *subjetiva* se estrutura com base em ações (ou omissões) negligentes. Daí, danos e ações ou omissões negligentes são elementos constitutivos e necessários da responsabilidade subjetiva.

A doutrina nacional, em geral, aceita que a responsabilidade civil *subjetiva* é a decorrente de danos causados em função de ato doloso ou culposo. Eis que, a culpa, por ter natureza civil, se caracteriza quando o agente causador do dano atua com negligencia ou imprudência, assim como se deduz da leitura e interpretação da primeira parte do artigo 186 do Código Civil de 2002. Conforme se lê: "*Aquele que, por ação ou omissão voluntária, negligência ou imprudência, violar direito e causar dano a outrem, ainda que exclusivamente*

---

[191] DÍEZ-PICAZO Luis y Antonio Gullón. *Instituciones del Derecho Civil.* Vol. 1. Madrid: Tecnos, 1995, p. 820-821.

moral, comete ato ilícito". Como visto, o texto foi elaborado adotando-se o critério subjetivo, ao ser condicionada a reparação do dano à prática de um ato negligente ou imprudente, isto é, culposo. Entretanto, sem abandonar tal regra, inovou-se no Código Civil de 2002, parágrafo único do seu artigo 927, ao se estabelecer que: "*Haverá obrigação de reparar o dano, independentemente de culpa, nos casos especificados em lei, ou quando a atividade normalmente desenvolvida pelo autor do dano implicar, por sua natureza, risco para os direitos de outrem*". Eis aí, uma concepção dual vigorante e que rege a matéria acerca da responsabilidade civil no Brasil.[192]

Por sua vez, a responsabilidade *objetiva* é considerada como aquela responsabilidade que subsiste com independência da culpa do agente, sendo ela, em qualquer caso presumida. Diz-se que neste caso "o dolo ou culpa na conduta do agente causador do dano é irrelevante juridicamente, haja vista que somente será necessária a existência do elo de causalidade entre o dano e a conduta do agente responsável para que surja o dever de indenizar".[193]

A concepção originária deste tipo de responsabilidade ensina Luis Diez-Picazo, teve sua origem no desenvolvimento da tecnologia e do transporte, avanços que multiplicariam a possibilidade de produção de danos, fazendo quase impossível a vigência do princípio da responsabilidade por culpa. Perante tal hipótese não se podia seguir mantendo um sistema que exige de cada uma das vítimas a prova da culpa do autor da ação danosa, sendo, em muitos casos, impossível tal prova, ante a complexidade dos meios utilizados.[194]

Assim, o conceito de "responsabilidade" abrangeria também ao agente indireto que, como resultado de um serviço ou atividade industrial, deveria a ser considerado causador do risco (ou dano) e, portanto, suportariam suas consequências: o *ressarcimento*.

Na prática, os maiores problemas surgiram como consequência dos acidentes originados nas ferrovias: incêndios provocados pelas máquinas ao passar pelos bosques, semeados de trigo, etc. Nessa hipótese, considerava-se, de acordo com a doutrina da época, que o causador do risco deveria ser responsabilizado, seguindo-se, assim, o critério de imputação da responsabilidade, baseado na assunção das consequências derivadas de uma atividade, não necessariamente proibida, empresarial e arriscada.[195]

---

192 GAGLIANO, Pablo Stolze; PAMPLONA FILHO, Rodolfo. *Novo curso de direito civil: responsabilidade civil* São Paulo: Saraiva, 2005, p. 14 - 17.

193 GAGLIANO, Pablo Stolze; PAMPLONA FILHO, Rodolfo. *Novo curso de direito civil: responsabilidade civil* São Paulo: Saraiva, 2005, p. 16.

194 DÍEZ-PICAZO Luis y Antonio Gullón. *Instituciones del Derecho Civil*. Vol. 1. Madrid: Tecnos, 1995, p. 821.

195 VALPUESTA Fernandez, María R.e outros. *Direito de Obrigações e Contratos*. Valência: Tirant lo Blanch, 1995, p. 473.

Todavia a socialização do risco teve lugar através de mecanismos de mercado, trasladando-se da empresa ao público, através dos preços. Eis que nos preços dos produtos apareceria incluído o risco, naqueles casos em que se calculavam possíveis danos. Assim, o cidadão-consumidor pagava e adquiria o produto: bens ou serviços, pagando também o custo calculado pelo ressarcimento de danos. Usando-se desta fórmula subsidiava-se a empresa, ainda, sem se oferecer incentivos para se evitar o dano, continuando-se a fabricar produtos prejudiciais à saúde e ao meio ambiente.

O conflito originaria a discussão e defesa da seguinte tese: "A responsabilidade deve sempre objetivar o ressarcimento. Logo, todo dano deve sempre ser compensado (reparado, ressarcido)".

Ora, devido a existência de diversos critérios, difícil se fazia o calculo do dano. Tal problemática exigia a compensação só dos prejuízos derivados da culpa do agente (critério tradicional), dos que tinham como causa a atividade empresarial (critério da responsabilidade objetiva); ou bem se considerava um sistema misto que incluía os dois tipos de causas e fundamentos.[196]

Verifica-se, assim, que o fundamento da responsabilidade objetiva descansa na necessidade de indenizar a totalidade dos prejuízos causados, considerando-se aqui, como premissa básica, a existência de um nexo observável entre o acontecimento e os danos, tudo isso independentemente da culpa. Assim, o agente causador do dano deverá indenizar, ainda que isento de culpa. Eis a consideração que se faz acerca da teoria do risco. Tome-se como exemplo a responsabilidade do empresário que geralmente é fundamentada na seguinte idéia: "A execução de uma dada atividade ou serviço pode gerar risco. Logo, quem pela sua execução se beneficia, deverá também assumir as consequências".

Como exemplo de responsabilidade objetiva consideram-se, entre outros casos: a) a responsabilidade derivada dos danos causados pelo Estado, através de seus agentes e; b) os danos ou prejuízos causados em razão de atividades que geram riscos, onde o causador é considerado responsável. Diz-se que tal responsabilidade também abrange os danos derivados da força maior, onde o prejudicado tem direito à indenização.

10.2.1 Concepção do dano

---

[196] VALPUESTA Fernandez, María R.e outros. *Direito de Obrigações e Contratos*. Valência: Tirant lo Blanch, 1995, p. 474-475.

O vocábulo "dano" é comumente significado como o mal ou a ofensa quer material quer moral. Diz-se do prejuízo causado a alguém pela deterioração ou inutilização da coisa, pela ofensa ou agressão pessoal (ou moral), pelo descumprimento de obrigações ou pela inobservância e desrespeito de normas jurídicas.

Dano é um conceito jurídico basilar e constitutivo da responsabilidade jurídica civil. Assim, pode-se concluir que seja qual for a espécie de responsabilidade: contratual, extracontratual, objetiva ou subjetiva, o dano é requisito indispensável para sua configuração.[197]

10.2.1.1 Espécies de dano: patrimonial e moral

Pode-se deduzir da definição que o dano pode ser qualificado de *patrimonial* e *moral*. Assim, como o termo indica, o dano patrimonial se refere à deterioração da coisa. Trata-se de um dano matéria e economicamente apreciável que inutiliza total ou parcialmente os bens moveis ou imóveis. A doutrina reserva para este tipo de nado as seguintes denominações:

1) *Dano emergente*, prejuízo efetivo, concreto, provado.

2) *Lucros cessantes*, ganhos que a vítima deixou de lucrar.

3) *Dano infecto*, prejuízo possível, eventual ou iminente.

Já o dano moral consiste na lesão de direitos cujo conteúdo não é pecuniário, nem comercialmente redutível a dinheiro. É aquele que atinge a esfera personalíssima do sujeito (ex. os direitos da personalidade), violando: a intimidade, a vida privada, a honra e a imagem, bens jurídicos tutelados constitucionalmente (Artigo 5º da Constituição Federal).[198]

10.3 Causas excludentes da responsabilidade civil

Como causas excludentes da responsabilidade civil consideram-se as diversas circunstâncias que justificam o descumprimento e eliminam a responsabilidade indenizatória.

---

197 GAGLIANO, Pablo Stolze; PAMPLONA FILHO, Rodolfo. *Novo curso de direito civil: responsabilidade civil* São Paulo: Saraiva, 2005, p. 39-40.

198 GAGLIANO, Pablo Stolze; PAMPLONA FILHO, Rodolfo. *Novo curso de direito civil: responsabilidade civil* São Paulo: Saraiva, 2005, p. 61-62.

Tais causas são representativas da inexistência de culpa no inadimplemento e, por tais, se conhecem as seguintes:

a) Estado de necessidade;
b) Legítima defesa;
c) Exercício regular de direito e estrito cumprimento do dever legal;
d) Caso fortuito e força maior;
e) Culpa exclusiva da vítima;
f) Fato de terceiro.
g) Cláusula de não indenizar.

Tais causas excludentes podem ser conferidas nas diversas regras do Código Civil de 2002. No artigo 188 do Código Civil de 2002, por exemplo, dispõe-se que não constituem atos ilícitos:

Primeiro, os praticados em *legítima defesa* ou no exercício *regular de um direito reconhecido* e,

Segundo, a deterioração ou destruição da coisa alheia, ou a lesão a pessoa, a fim de remover perigo iminente (*estado de necessidade*).

Todavia, no parágrafo único do citado artigo prescreve-se que no caso de deterioração ou destruição da coisa alheia, ou de lesão a pessoa, a fim de remover perigo iminente, o ato será legítimo somente quando as circunstâncias o tornarem absolutamente necessário, não excedendo os limites do indispensável para a remoção do perigo.

Pelo artigo 929, ainda, se regula o direito à indenização do prejuízo quando a pessoa lesada, ou o dono da coisa, não forem culpados[199]. Já, no artigo 930 prescreve-se a ação regressiva contra terceiros, na hipótese de que o perigo ocorrer por culpa de terceiras pessoas. A mesma ação competirá contra aquele em defesa de quem se causou o dano.

Também o caso fortuito e força maior como visto no tópico correspondente ao *inadimplemento involuntário ou fortuito* das obrigações são excludentes da responsabilidade

---

[199] Art. 929. "*Se a pessoa lesada, ou o dono da coisa, no caso do inciso II do art. 188, não forem culpados do perigo, assistir-lhes-á direito à indenização do prejuízo que sofreram*".
Art. 930. "*No caso do inciso II do art. 188, se o perigo ocorrer por culpa de terceiro, contra este terá o autor do dano ação regressiva para haver a importância que tiver ressarcido ao lesado*".
"*Parágrafo único. A mesma ação competirá contra aquele em defesa de quem se causou o dano (art. 188, inciso I)*".

civil, assim como se dispões no artigo 393 do Código Civil de 2002: "*O devedor não responde pelos prejuízos resultantes de caso fortuito ou força maior, se expressamente não se houver por eles responsabilizado*". Contudo, o caso fortuito ou de força maior verificam-se no fato necessário, cujos efeitos não eram possíveis de evitar ou impedir.

A cláusula de não indenizar é uma excludente que opera unicamente na responsabilidade contratual. Ela compreende a convenção por meio da qual as partes excluem o dever de indenizar, em caso de inadimplemento da obrigação. Exemplo: a clausula de não indenizar por furto de veículo, estabelecida no condomínio. É um instrumento de direito que não pode ser usado para excluir o direito respaldado por princípios superiores de ordem pública. Este parece ser o motivo pelo qual no Código de Defesa do Consumidor (artigo 25) veda-se toda cláusula que impossibilite, exonere ou atenue a responsabilidade civil do fornecedor.[200]

10.4 A responsabilidade jurídica derivada das relações de consumo

O direito do consumidor desempenha um papel importante na regulamentação das novas e dinâmicas relações que a contratação em massa impõe a os homens. É um direito especial que, hodiernamente, se nos apresenta como sendo o resultado de um movimento internacional de defesa do cidadão-consumidor.

Destarte, o estudo da responsabilidade jurídica derivada das relações de consumo exige a abordagem das doutrinas e normas que caracterizam e tutelam tais relações. Eis que, para alguns doutrinadores, tais doutrinas e normas são constitutivas de um novo direito social. Victor Hugo Lares[201], por exemplo, ensina que o direito dos consumidores é o resultado das mudanças na composição da sociedade. Já outros doutrinadores consideram ser direito do consumidor um ramo de direito que se separa paulatinamente do Direito Trabalhista, do Direito Civil e do Direito Mercantil, e que mais especificamente se refere à proteção dos direitos coletivos, resultantes das lutas e conquistas obtidas pelas classes sociais desfavorecidas.

Contudo, a necessidade de proteger o direito do consumidor se fez sentir pouco depois da Segunda Guerra Mundial quando, com o fim de obter maiores lucros, fornecedores: produtores e distribuidores desenvolveram uma desenfreada propaganda que, em muitos casos

---

[200] GAGLIANO, Pablo Stolze; PAMPLONA FILHO, Rodolfo. *Novo curso de direito civil: responsabilidade civil* São Paulo: Saraiva, 2005, p. 131-133.

[201] . LARES Romero, Victor Hugo. *El Direito de Proteção a los Consumidores en México*. Umiversidad Autónoma Metropolitana. Azcapotzalco, México, D. F.,1991.

necessidade de estender ao fornecedor: produtor originário, fabricante, construtor e importador etc., responsabilidade objetiva;

Segunda, os prazos curtos de prescrição e decadência, contados a partir da entrega da coisa, também dificultam a ação do consumidor nas reclamações por vícios, ficando sem proteção os vícios aparentes ou de fácil constatação;

Terceira, a persecução executória sob o patrimônio do devedor es dificultada pela não adoção, na via legislativa, da teoria da desconsideração da personalidade jurídica.[207]

Notou-se, todavia, a ausência de um tribunal especializado para a defesa do consumidor.

Hoje, contamos com regras por meio das quais se procura a solução de tais insuficiências. Por meio dos artigos 8º, 12 e 14 do Código do Consumidor brasileiro, por exemplo, prescreve-se que: produtos e serviços colocados no mercado de consumo não acarretarão riscos à saúde ou segurança dos consumidores, exceto os considerados normais e previsíveis devido a sua natureza, obrigando-se os produtores (*fornecedores*), em quaisquer hipóteses, a dar as informações necessárias e adequadas ao respeito. Assim, em se tratando de produto industrial, ao fabricante cabe prestar as informações a que se refere este artigo, através de impressos apropriados que devam acompanhar o produto.

Em consequência, o fabricante, produtor, ou construtor, nacional ou estrangeiro, e o importador, respondem, independentemente da existência de culpa, pela reparação dos danos causados aos consumidores, por defeitos do projeto, fabricação, construção, montagem, fórmulas, manipulação, apresentação ou acondicionamento de sus produtos, bem como por informações insuficientes ou inadequadas sobre sua utilização. (Artigo 12 do Código de Defesa do Consumidor)

Daí o fornecedor responde, independentemente da existência de culpa, pela reparação dos danos causados aos consumidores por defeitos relativos à prestação dos serviços, bem como por informações insuficientes ou inadequadas sobre os riscos. (Artigo 14 do Código de Defesa do Consumidor)

De maneira concreta, se reconhece que as relações de consumo no Brasil encontram proteção nas normas do Direito Constitucional, pois mediante a Constituição da República

---

[207] BATISTA de Almeida, João. *A proteção Jurídica do consumidor*. São Paulo: Saraiva, 1993, pp 61-62.

Federativa, como se dispõe, que o Estado promoverá, em forma de lei, a defesa do consumidor (art. 5º, XXXII). A ordem econômica da nação, de acordo com o art. 170 da Constituição, se funda na avaliação do trabalho humano e na livre iniciativa, tendo por fim assegurar a todos, uma existência digna, conforme ao ditame de justiça social, observado: o principio da soberania nacional, a propriedade privada, a função social da propriedade, a livre concorrência, a defesa do consumidor, a defesa do meio ambiente, a redução das desigualdades sociais e regionais, o pleno emprego e o tratamento favorecido para as empresas de pequenos cortes, constituídas sob lei brasileira e que tenham sua sede e administração no país.

Podemos concluir que as desigualdades entre as partes, a necessidade da proteção do consentimento e as visíveis insuficiências do Direito Civil tradicional perante as dinâmicas relações de consumo são as razões do Direito do Consumidor.

10.5 Responsabilidade jurídica derivada dos atos unilaterais

Fala-se de ato jurídico unilateral como sendo aquele que depende da declaração unilateral da vontade, diferentemente do que acontece nos atos ou negócios jurídicos bilaterais (contrato e casamento) onde o consentimento (manifestação e convergência de duas ou mais vontades).

Conforme algumas concepções doutrinárias defendem, o ato unilateral pode ser visto como fonte que tem como elemento fundamental a manifestação volitiva unilateral que constitui exceção à regra geral do concurso de vontades para o estabelecimento de obrigações.[208]

Pela sua reconhecida importância no Código Civil de 2002, nos artigos 854 a 886 regulamentam-se: a) a promessa de recompensa; b) a gestão de negócios; c) o pagamento indevido e; d) o enriquecimento sem causa. Todavia, o legislador brasileiro, talvez, por considerar a importância de um novo Livro: Do direito de empresa, passou a regulamentar da empresa, seus aspetos societários, dedicando um espaço aos "Títulos de crédito". Ora, "a circunstancia de terem sido incluídas as normas sobre títulos de créditos em título distinto não significa negar a estes a natureza de atos unilaterais"[209]. Daí que tais modalidades (ou espécies) são significadas pela doutrina da maneira que, a seguir, se indica.

---

[208] GAGLIANO, Pablo Stolze; PAMPLONA FILHO, Rodolfo. *Novo curso de direito civil*. São Paulo: Saraiva, 2005, p. 369.

[209] GONÇALVES, Carlos Roberto. *Direito civil brasileiro*. Volume 3: contratos e atos unilaterais. São Paulo: Saraiva, 2004, p. 565.

10.5.1 Da promessa de recompensa

A promessa de recompensa não é uma mera promessa de obrigação e sim uma obrigação em suspensão e futurista assumida perante terceiros. Isto, pois, de acordo com uma corrente doutrinária a promessa feita a pessoa indeterminada gera obrigação legal geral (ex. respeitando-se o tempo da oferta pública e aceitação) e específica derivada da relação estabelecida como a pessoa que preenche a condição o desempenha o serviço.

De acordo como o disposto no artigo 854 do Código Civil de 2002, podemos significar a promessa de recompensa como sendo a obrigação constituída pelo anúncio público de promessa de gratificação ao preenchimento de condição ou de desempenho de serviço. Assim, conforme estabelecido: "*Aquele que, por anúncios públicos, se comprometer a recompensar, ou gratificar, a quem preencha certa condição, ou desempenhe certo serviço, contrai obrigação de cumprir o prometido*". (Art. 854 do Código Civil de 2002)

Contudo, se *B* publicamente se comprometer a recompensar com uma certa quantia em dinheiro a quem encontrar o animal de estimação extraviado, ficará obrigado a cumprir a prestação em face do sujeito que satisfazer o interesse. Daí quem quer que fizer o serviço, ou satisfizer a condição, ainda que não pelo interesse da promessa, poderá exigir a recompensa estipulada (artigo 855 do Código Civil de 2002).

Fala-se assim, de um ato jurídico unilateral que se torna obrigatório desde que cumpra os seguintes requisitos:

a) Ato público (publicidade). O ato deve-se tornar público usando-se os meios adequados e deve envolver a intenção de gratificar a quem satisfazer o interesse do promitente.

b) Ato lícito, possível e determinado (determinável). Requisitos que, para a validade do ato, implicariam o reconhecimento jurídico.

c) Capacidade jurídica do promitente. A promessa que emana de sujeito (agente) incapaz não tem validade jurídica (nulidade absoluta ou de pleno direito).

d) Livre manifestação de vontade (boa-fé). O ato jurídico anulável (nulidade relativa).

Outras importantes hipóteses são também contempladas nas seguintes regras, a saber:

1- Possibilidade de revogação: "Antes de prestado o serviço ou preenchida a condição, pode o promitente revogar a promessa, contanto que o faça com a mesma publicidade; se houver assinado prazo à execução da tarefa, entender-se-á que renuncia o arbítrio de retirar, durante ele, a oferta" (artigo 856 do Código Civil de 2002). Todavia, o candidato de boa-fé, que houver feito despesas, terá direito a reembolso (parágrafo único).

2- Concorrência de interessados: "*Se o ato contemplado na promessa for praticado por mais de um indivíduo, terá direito à recompensa o que primeiro o executou*" (artigo 857 do Código Civil de 2002). Todavia, "*Sendo simultânea a execução, a cada um tocará quinhão igual na recompensa; se esta não for divisível, conferir-se-á por sorteio, e o que obtiver a coisa dará ao outro o valor de seu quinhão*" (artigo 858 do Código Civil de 2002).

3- Concursos com promessa pública de recompensa: "*Nos concursos que se abrirem com promessa pública de recompensa, é condição essencial, para valerem, a fixação de um prazo, observadas também as disposições dos parágrafos seguintes*". A decisão da pessoa nomeada, nos anúncios, como juiz, obriga os interessados. Em falta de pessoa designada para julgar o mérito dos trabalhos que se apresentarem, entender-se-á que o promitente se reservou essa função. Se os trabalhos tiverem mérito igual, proceder-se-á de acordo com os arts. 857 e 858. (Artigo 859 do Código Civil de 2002)

Finalmente, as obras premiadas, nos concursos de que trata o artigo antecedente, só ficarão pertencendo ao promitente, se assim for estipulado na publicação da promessa. (Artigo 860 do Código Civil de 2002)

10.5.2 Da gestão de negócios

Diz-se da atuação de um agente, sem autorização de um terceiro interessado, na administração de negócio alheio, segundo o interesse e a vontade presumível de seu dono, assumindo a responsabilidade civil perante este e a pessoa com que tratar.

Para Carlos Alberto Gonçalves, a gestão de negócios opera quando uma pessoa, sem autorização do interessado, intervém na administração de negócio alheio, dirigindo-o segundo o interesse e a vontade presumível de seu dono. Dá-se a gestão de negócios, exemplifica o citado autor, quando alguém, presenciando em prédio alheio estragos capazes de o destruir, ajusta em nome do proprietário ausente, mas sem sua autorização, um empreiteiro para o reparar.[210]

De acordo com o estabelecido no artigo 861 do Código Civil de 2002: "*Aquele que, sem autorização do interessado, intervém na gestão de negócio alheio, dirigi-lo-á segundo o interesse e a vontade presumível de seu dono, ficando responsável a este e às pessoas com que tratar*".

Conforme doutrina vigente "a gestão de negócios se dá, por exemplo, quando alguém desaparece sem dar notícias e um terceiro (gestor) fica administrando seus bens, sem determinação específica nesse sentido, antes de ser instituída a curadoria de tal massa patrimonial, no processo de declaração de ausência".[211]

10.5.2.1 Consequências jurídicas derivadas da gestão de negócios

A gestão de negócios gera obrigações tanto para o gestor como para o dono do negócio caso esta tenha sido retificada (aprovada) pelo interessado.

Caso a gestão tenha sido iniciada contra a vontade manifesta ou presumível do interessado, responderá o gestor até pelos casos fortuitos, não provando que teriam sobrevindo, ainda quando se houvesse abatido. Se os prejuízos da gestão excederem o seu proveito, poderá o dono do negócio exigir que o gestor restitua as coisas ao estado anterior, ou o indenize da diferença. (Artigo 862 e 863 do Código Civil de 2002)

Caso a gestão tenha sido ratificada (aprovada) pelo interessado o gestor assumirá as mesmas obrigações assumidas pelo mandatário no contrato de mandato, a saber:

A- Das obrigações do gestor:

a1) Comunicar ao dono do negócio a gestão que assumiu. De acordo com o artigo 864 do Código Civil de 2002: "*Tanto que se possa, comunicará o gestor ao dono do negócio a gestão que assumiu, aguardando-lhe a resposta, se da espera não resultar perigo*".

a2) Velar pela gestão do negócio. Assim, enquanto o dono não providenciar, velará o gestor pelo negócio, até o levar a cabo, esperando, se aquele falecer durante a gestão, as

---

210 GONÇALVES, Carlos Roberto. *Direito civil brasileiro*. Volume 3: contratos e atos unilaterais. São Paulo: Saraiva, 2004, p. 572.

211 GAGLIANO, Pablo Stolze; PAMPLONA FILHO, Rodolfo. *Novo curso de direito civil*. São Paulo: Saraiva, 2005, p. 373.

instruções dos herdeiros, sem se descuidar, entretanto, das medidas que o caso reclame. (Artigo 865 do Código Civil de 2002)

a3 Responder pelos prejuízos causados durante a gestão. O gestor envidará toda sua diligência habitual na administração do negócio, ressarcindo ao dono o prejuízo resultante de qualquer culpa na gestão. Por outro lado, se o gestor se fizer substituir por outrem, responderá pelas faltas do substituto, ainda que seja pessoa idônea, sem prejuízo da ação que a ele, ou ao dono do negócio, contra ela possa caber. Havendo mais de um gestor, solidária será a sua responsabilidade. (Artigo 866 e 867 do Código Civil de 2002).

a4) Responde por caso fortuito, de acordo com o seguinte texto: O gestor responde pelo caso fortuito quando fizer operações arriscadas, ainda que o dono costumasse fazê-las, ou quando preterir interesse deste em proveito de interesses seus. Querendo o dono aproveitar-se da gestão, será obrigado a indenizar o gestor das despesas necessárias, que tiver feito, e dos prejuízos, que por motivo da gestão, houver sofrido. (Artigo 868 do Código Civil de 2002).

B- Das obrigações do dono:

De acordo com o artigo 869 do Código Civil de 2002, "*se o negócio for utilmente administrado, cumprirá ao dono as obrigações contraídas em seu nome, reembolsando ao gestor as despesas necessárias ou úteis que houver feito, com os juros legais, desde o desembolso, respondendo ainda pelos prejuízos que este houver sofrido por causa da gestão*".

Vejam-se igualmente os seguintes artigos de interesse:

1- "Aplica-se a disposição do artigo antecedente, quando a gestão se proponha a acudir a prejuízos iminentes, ou redunde em proveito do dono do negócio ou da coisa; mas a indenização ao gestor não excederá, em importância, as vantagens obtidas com a gestão". (Artigo 870 do Código Civil de 2002).

2- "Quando alguém, na ausência do indivíduo obrigado a alimentos, por ele os prestar a quem se devem, poder-lhes-á reaver do devedor a importância, ainda que este não ratifique o ato". (Artigo 871 do Código Civil de 2002).

3- "Nas despesas do enterro, proporcionadas aos usos locais e à condição do falecido, feitas por terceiro, podem ser cobradas da pessoa que teria a obrigação de alimentar a que veio a falecer, ainda mesmo que esta não tenha deixado bens". Cessa o disposto neste artigo e no antecedente, em se provando que o gestor fez essas despesas com o simples intento de bem-fazer. (Artigo 872 do Código Civil de 2002).

4- "A ratificação pura e simples do dono do negócio retroage ao dia do começo da gestão, e produz todos os efeitos do mandato". (Artigo 873 do Código Civil de 2002).

5- "Se o dono do negócio, ou da coisa, desaprovar a gestão, considerando-a contrária aos seus interesses, vigorará o disposto nos arts. 862 e 863, salvo o estabelecido nos arts. 869 e 870". (Artigo 874 do Código Civil de 2002).

6- "Se os negócios alheios forem conexos ao do gestor, de tal arte que se não possam gerir separadamente, haver-se-á o gestor por sócio daqueles cujos interesses agenciar de envolta com os seus". No caso deste artigo, aquele em cujo benefício interveio o gestor só é obrigado na razão das vantagens que lograr. (Artigo 875 do Código Civil de 2002).

10.6 Do pagamento indevido

O pagamento indevido constitui um dos modos de enriquecimento sem causa. Este representa o gênero do qual aquele é espécie[212]. No Direito obrigacional prima a idéia de que ninguém se pode enriquecer sem causa lícita. Daí, todo pagamento assim feito, deverá ser restituído. É nesse sentido que se dispôs no Código Civil vigente que "todo aquele que recebeu o que lhe não era devido fica obrigado a restituir; obrigação que incumbe àquele que recebe dívida condicional antes de cumprida a condição". (Artigo 876 do Código Civil de 2002).

10.6.1 Espécies de pagamento indevido

Duas são as espécies de pagamento indevido comentadas pela doutrina[213], a saber:

a) Pagamento objetivamente indevido, verificado quando existe erro no objeto ou na coisa (ex. caso de débito inexistente ou quando o devedor paga quantia superior à

[212] GONÇALVES, Carlos Roberto. *Direito civil brasileiro*. Volume 3: contratos e atos unilaterais. São Paulo: Saraiva, 2004, p. 579.
[213] GAGLIANO, Pablo Stolze; PAMPLONA FILHO, Rodolfo. *Novo curso de direito civil*. São Paulo: Saraiva, 2005, p. 381.

efetivamente devida debito inferior ao pagamento realizado). A respeito desta espécie veja-se a regra do artigo 42 do Código de Defesa do Consumidor (parágrafo único):

> Art. 42. Na cobrança de débitos o consumidor inadimplente não será exposto a ridículo, nem será submetido a qualquer tipo de constrangimento ou ameaça.
>
> Parágrafo único. O consumidor cobrado em quantia indevida tem direito à repetição do indébito, por valor igual ao dobro do que pagou em excesso, acrescido de correção monetária e juros legais, salvo hipótese de engano justificável.

Assim, por exemplo, o consumidor que paga duas vezes a conta lhe será devolvido em dobro o que pagou.

b) Pagamento subjetivamente indevido, diz-se do pagamento realizado por alguém que não legitimamente devedor ou feito ao sujeito que não é legitimamente credor (erro na pessoa).

Noutras regras do Código Civil de 2002 prescrevem-se hipóteses inter-relacionadas à prova e à boa-fé; por exemplo:

1- A incumbência da prova caso do pagamento voluntário indevido por erro: "Àquele que voluntariamente pagou o indevido incumbe a prova de tê-lo feito por erro". (Artigo 877 do Código Civil de 2002).

2- Aplicação subsidiária caso de boa-fé e má-fé:

- "Aos frutos, acessões, benfeitorias e deteriorações sobrevindas à coisa dada em pagamento indevido, aplica-se o disposto neste Código sobre o possuidor de boa-fé ou de má-fé, conforme o caso". (Artigo 878 do Código Civil de 2002)

- "Se aquele que indevidamente recebeu um imóvel o tiver alienado em boa-fé, por título oneroso, responde somente pela quantia recebida; mas, se agiu de má-fé, além do valor do imóvel, responde por perdas e danos".

"Parágrafo único. Se o imóvel foi alienado por título gratuito, ou se, alienado por título oneroso, o terceiro adquirente agiu de má-fé, cabe ao que pagou por erro o direito de reivindicação". (Artigo 879 do Código Civil de 2002)

3- Isenção de restituição do pagamento indevido: "Fica isento de restituir pagamento indevido aquele que, recebendo-o como parte de dívida verdadeira, inutilizou o título, deixou prescrever a pretensão ou abriu mão das garantias que asseguravam seu direito; mas aquele que pagou dispõe de ação regressiva contra o verdadeiro devedor e seu fiador". (Artigo 880 do Código Civil de 2002)

4- Indenização do pagamento indevido que consiste no desempenho de obrigação de fazer: "Se o pagamento indevido tiver consistido no desempenho de obrigação de fazer ou para eximir-se da obrigação de não fazer, aquele que recebeu a prestação fica na obrigação de indenizar o que a cumpriu, na medida do lucro obtido". (Artigo 881 do Código Civil de 2002)

5- Do direito à repetição do pagamento:

- "Não se pode repetir o que se pagou para solver dívida prescrita, ou cumprir obrigação judicialmente inexigível". (Artigo 882 do Código Civil de 2002)

- "Não terá direito à repetição aquele que deu alguma coisa para obter fim ilícito, imoral, ou proibido por lei".

"Parágrafo único. No caso deste artigo, o que se deu reverterá em favor de estabelecimento local de beneficência, a critério do juiz". (Artigo 883 do Código Civil de 2002)

10.6.2 Do enriquecimento sem causa

Enriquecimento sem causa pode significar o instituto que zela pela falta de equidade entre as partes.

Assim, como estabelecido no artigo 884 do Código Civil de 2002: "*Aquele que, sem justa causa, se enriquecer à custa de outrem, será obrigado a restituir o indevidamente auferido, feita a atualização dos valores monetários*". Todavia, se o enriquecimento tiver por objeto coisa determinada, quem a recebeu é obrigado a restituí-la, e, se a coisa não mais subsistir, a restituição se fará pelo valor do bem na época em que foi exigido. (Artigo 884, parágrafo único)

Destaca-se, ainda, que: a restituição é devida, não só quando não tenha havido causa que justifique o enriquecimento, mas também se esta deixou de existir. Destarte, não caberá a restituição por enriquecimento, se a lei conferir ao lesado outros meios para se ressarcir do prejuízo sofrido. (Artigos 885 e 886 do Código Civil de 2002)

10.6.3 Emissão de títulos de créditos: a) título ao portador; b) título à ordem e; c) título nominativo.

Conforme se define no artigo 887, título de crédito é documento necessário ao exercício do direito literal e autônomo nele contido, que somente produz efeito quando preencha os requisitos da lei.

O título de crédito, afirma Carlos Roberto Gonçalves, "constitui modalidade de declaração unilateral de vontade e configura-se quando o agente faz uma emissão volitiva, materializada em um instrumento, obrigando-se a uma prestação determinada, independentemente de qualquer ato de aceitação emanado de outro agente. Título de crédito, portanto, representa uma obrigação pecuniária, mas não se confunde com ela. Constitui um documento e, como tal, prova a existência de uma relação jurídica, especificamente duma relação de crédito. Representa a prova de que certa pessoa é credora de outra, ou de que duas ou mais pessoas são credoras de outras".[214]

a) Título ao portador.

De acordo Gonçalves[215] com é aquele emitido sem o nome do beneficiário ou tomador; ou com cláusula "ao portador", transferindo-se, assim, por mera entrega ou tradição.

b) Título à ordem.

---

[214] GONÇALVES, Carlos Roberto. *Direito civil brasileiro*. Volume 3: contratos e atos unilaterais. São Paulo: Saraiva, 2004, p. 593 – 594.

[215] GONÇALVES, Carlos Roberto. *Direito civil brasileiro*. Volume 3: contratos e atos unilaterais. São Paulo: Saraiva, 2004, p. 603.

Título à ordem pode ser definido como aquele emitido em favor de pessoa determinada, tendo esta a faculdade de efetuar a sua transferência mediante simples lançamento da sua assinatura no próprio título. Distingue-se do nominativo pelo fato de dispensarem qualquer outra formalidade para a sua transferência, bastando o endosso. Os nominativos exigem a escrituração nos livros do devedor.[216]

c) Letra de câmbio.

A letra de câmbio, a nota promissória, o cheque e a duplicata identificam o titular do crédito e se transferem por endosso, sendo, portanto, títulos nominativos à ordem. Ao contrario da nota promissória, que constitui uma promessa de pagamento, a letra de câmbio reveste a forma de uma ordem de pagamento, pois, ao emiti-la, o sacador dá uma ordem ao sacado para que pague o valor, que, pelo aceite, completa-lhe os atributos de liquidez e certeza da obrigação. Trata-se de um título à ordem, que se cria mediante o saque, emitido em favor de alguém, sendo transferível por endosso e que se completa pelo aceite e se garante pelo aval.[217]

d) Nota promissória.

É uma promessa de pagamento, em que o emitente se compromete a pagar determinada quantia ao beneficiário ou à pessoa a quem este transferir o título.[218]

e) Cheque.

Cheque é ordem de pagamento à vista, emitida contra um banco ou instituição financeira que lhe seja equiparada, a favor de terceiro ou do próprio emitente, por quem tenha provisão de fundos em poder do sacado. O cheque é título de modelo vinculado, ou seja, padronizado, devendo ser emitido no papel banco sacado ou instituição financeira assemelhada.[219]

f) Duplicata.

---

[216] GONÇALVES, Carlos Roberto. *Direito civil brasileiro*. Volume 3: contratos e atos unilaterais. São Paulo: Saraiva, 2004, p. 605-606.

[217] GONÇALVES, Carlos Roberto. *Direito civil brasileiro*. Volume 3: contratos e atos unilaterais. São Paulo: Saraiva, 2004, p. 606-607.

[218] GONÇALVES, Carlos Roberto. *Direito civil brasileiro*. Volume 3: contratos e atos unilaterais. São Paulo: Saraiva, 2004, p. 619.

[219] GONÇALVES, Carlos Roberto. *Direito civil brasileiro*. Volume 3: contratos e atos unilaterais. São Paulo: Saraiva, 2004, p. 620.

É titulo à ordem, consistindo um instrumento emitido e entregue pelo vendedor ao comprador, nas vendas mercantis a prazo, entre pessoas domiciliadas no País dotado de aceitação obrigatória. Trata-se de um título formal, que representa uma ordem de pagamento emitida pelo vendedor de mercadoria pela importância faturada ao comprador.

Conforme se define no artigo 921 do Código Civil de 2002 é o título emitido em favor de pessoa cujo nome conste no registro do emitente.

10.7 Garantias e meios coercitivos do cumprimento das obrigações: cláusula penal, arras confirmatórias, arras penitenciais, prisão civil

Como já examinado, o direito material, e também o processual, reservam importantes recursos a fim de garantir o cumprimento da obrigação. Como afirma Orlando Gomes[220] "é prudente, em muitos casos, não confiar apenas nessa garantia genérica. Não só o devedor pode estar endividado ou contrair nova dívida, como não está proibido de alienar bens ou transferir direitos, enfraquecendo, em consequência, a garantia oferecida por seu patrimônio. Outras vezes, não inspira confiança ao credor, quer por suas qualidades pessoais, quer por não ter bens suficientes para garantir a execução. Com o duplo objetivo de facilitar o crédito e permitir ao credor que se acautele contra o risco do inadimplemento, e, até mesmo, os vexames da execução coativa, a lei põe à disposição do credor várias medidas de que se pode valer para ter uma garantia específica".

Contudo, a garantia do cumprimento das obrigações, em sentido técnico, define-se como um novo direito subjetivo ou uma nova faculdade que, conforme o seu tipo se liga ao crédito reforçando-se a segurança. São garantias que podem ter como fonte a lei (garantias legais: aquelas reguladas juridicamente) ou a vontade (garantias convencionais: aquelas acordadas ou pactuadas).

Trata-se de meios técnicos chamados segundo o tipo de reais ou pessoais. As garantias, como direitos reais, conferem ao titular o privilégio de obter o pagamento de uma dívida com o valor de um bem, *latu sensu*, aplicado exclusivamente à sua satisfação. Essa preferência atesta a superioridade das garantias reais no sistema de segurança dos créditos, visto como, em todas, a coisa dada em garantia fica sujeita, mediante vínculo real, ao cumprimento da obrigação.[221]

Ora, pela sua relevância aqui estudaremos as seguintes:

---

220 GOMES, Orlando. *Obrigações*. 11. ed. Rio de Janeiro: Forense, 1997, p. 229.
221 GOMES, Orlando. *Obrigações*. 11. ed. Rio de Janeiro: Forense, 1997, p. 229.

A) Cláusula penal.

Diz-se de chamada pena convencional: "um pacto acessório, pelo qual, as partes fixam, previamente, a indenização devida em caso de descumprimento culposo da obrigação principal, de alguma cláusula do contrato ou em caso mora".[222]

Trata-se de um meio que basicamente tem como finalidades: 1. a pré-liquidação de danos e; 2. a intimidação. Trata-se de um meio por meio do qual se procura garantir a indenização previa a parte prejudicada pelo inadimplemento da obrigação. Exemplo: como consequência do retardamento do pagamento, o locatário estará obrigado ao pagamento da pena convencional.

Da leitura do artigo 410 do CC de 2002 se infere a seguinte classificação:

a) Cláusula pena compensatória, aquela estipulada para o caso de haver descumprimento culposo da obrigação.

b) Cláusula penal moratória, que opera no sentido indenizatório para o que será apurado o dano e valor devido.

B) Arras.

Conhece-se como sinal: arras ou sinal, a parte entregada como garantia ou penhor nas obrigações, dando confiança na execução prometida. Diz-se da "disposição convencional pela qual uma das partes entrega determinado bem à outra – em geral, dinheiro -, em garantia da obrigação pactuada. É o princípio de pagamento; é o sinal dado por uma das partes à outra, marcando o início da execução do negócio".[223]

As arras podem ser qualificadas de *confirmatórias*, quando confirmam a realização do contrato, não assistindo às partes direito de arrependimento. Exemplo: as vendas a prazo, quando o vendedor exige o pagamento de um sinal que se constitui no início do pagamento e penitenciais. Veja-se artigo 417 a 420 do CC de 2002.

---

[222] GAGLIANO, Pablo Stolze; PAMPLONA FILHO, Rodolfo. *Novo curso de direito civil.* São Paulo: Saraiva, 2005, p. 353.

[223] GAGLIANO, Pablo Stolze; PAMPLONA FILHO, Rodolfo. *Novo curso de direito civil.* São Paulo: Saraiva, 2005, p. 364.

C) Prisão civil.

Trata-se de um meio coercitivo de pagamento restritivo da liberdade humano reconhecido constitucionalmente[224] e que tem como intuito compelir o devedor a cumprir a obrigação. A imposição da medida coercitiva pressupõe que o devedor deixe de escoar o prazo de três dias sem pagar, nem provar eu já o fez, ou que está impossibilitado de fazê-lo (artigo 733 do CPC). Omisso o executado em efetuar o pagamento, ou em oferecer escusa que pareça justa ao órgão judicial, este, sem necessidade de requerimento do credor, decretará a prisão do devedor, por tempo não inferior a um nem superior a três meses.

10.8 Preferências e privilégios creditórios

Trata-se do tema da prelação de créditos, isto é, do direito de preferência e privilégios dos credores, conforme estabelecido nos artigos 955 – 965 do Código Civil de 2002.

A denominação "privilegio creditório" juridicamente "envolve a idéia de um beneficio especial ou prerrogativa concedida a alguém (ou a alguma relação jurídica), como uma exceção em relação às demais pessoas (ou relações jurídicas). É a idéia de preferência que traz, consigo, a convicção de que algo deve ser feito ou considerado antes de outros.[225]

Contudo, sendo declarada insolvência, a discussão entre os credores pode versar quer sobre a preferência entre eles disputada, quer sobre a nulidade, simulação, fraude, ou falsidade das dívidas e contratos. (Artigo 956 do Código Civil de 2002)

Observe-se que se procede à declaração de insolvência toda vez que as dívidas excedam à importância dos bens do devedor. (Artigo 955 do Código Civil de 2002)

Assim, não havendo título legal à preferência, terão os credores igual direito sobre os bens do devedor comum. Os títulos legais de preferência são os privilégios e os direitos reais. (Artigo 957- 958 do Código Civil de 2002)

10.8.1 Ordem de prelação ou preferência

Assim, como se dispôs no artigo 961 do Código Civil de 2002: "*O crédito real prefere ao pessoal de qualquer espécie; o crédito pessoal privilegiado, ao simples; e o privilégio*

[224] Veja-se artigo 5º, LXVII da Constituição Federativa do Brasil: "*Não haverá prisão civil por dívida, salvo a do responsável pelo inadimplemento voluntário e inescusável de obrigação alimentícia e a do depositário infiel*".

[225] GAGLIANO, Pablo Stolze; PAMPLONA FILHO, Rodolfo. *Novo curso de direito civil.* São Paulo: Saraiva, 2005, p. 388.

especial, ao geral". Daí, legislação e doutrina coincidem declaração e prescrição da seguinte ordem de prelação:

1- créditos reais.

2- créditos pessoais privilegiados especiais.

3- créditos pessoais privilegiados gerais.

4- créditos pessoais simples.

Com base nesta ordem também se dispõem nos artigos 959 –

a) A conservação de seus respectivos direitos dos credores hipotecários ou privilegiados:

- sobre o preço do seguro da coisa gravada com hipoteca ou privilégio, ou sobre a indenização devida, havendo responsável pela perda ou danificação da coisa;
- sobre o valor da indenização, se a coisa obrigada a hipoteca ou privilégio for desapropriada. (Artigo 959 do Código Civil de 2002)

Nesses casos, o devedor do seguro, ou da indenização, exonera-se pagando sem oposição dos credores hipotecários ou privilegiados. (Artigo 960 do Código Civil de 2002)

b) Quando concorrerem aos mesmos bens, e por título igual, dois ou mais credores da mesma classe especialmente privilegiados, haverá entre eles rateio proporcional ao valor dos respectivos créditos, se o produto não bastar para o pagamento integral de todos. (Artigo 962 do Código Civil de 2002)

c) O privilégio especial só compreende os bens sujeitos, por expressa disposição de lei, ao pagamento do crédito que ele favorece; e o geral, todos os bens não sujeitos a crédito real nem a privilégio especial. (Artigo 963 do Código Civil de 2002)

d) Têm privilégio especial:

I - sobre a coisa arrecadada e liquidada, o credor de custas e despesas judiciais feitas com a arrecadação e liquidação;

II - sobre a coisa salvada, o credor por despesas de salvamento;

III - sobre a coisa beneficiada, o credor por benfeitorias necessárias ou úteis;

IV - sobre os prédios rústicos ou urbanos, fábricas, oficinas, ou quaisquer outras construções, o credor de materiais, dinheiro, ou serviços para a sua edificação, reconstrução, ou melhoramento;

V - sobre os frutos agrícolas, o credor por sementes, instrumentos e serviços à cultura, ou à colheita;

VI - sobre as alfaias e utensílios de uso doméstico, nos prédios rústicos ou urbanos, o credor de aluguéis, quanto às prestações do ano corrente e do anterior;

VII - sobre os exemplares da obra existente na massa do editor, o autor dela, ou seus legítimos representantes, pelo crédito fundado contra aquele no contrato da edição;

VIII - sobre o produto da colheita, para a qual houver concorrido com o seu trabalho, e precipuamente a quaisquer outros créditos, ainda que reais, o trabalhador agrícola, quanto à dívida dos seus salários. (Artigo 964 do Código Civil de 2002)

e) Goza de privilégio geral, na ordem seguinte, sobre os bens do devedor:

I - o crédito por despesa de seu funeral, feito segundo a condição do morto e o costume do lugar;

II - o crédito por custas judiciais, ou por despesas com a arrecadação e liquidação da massa;

III - o crédito por despesas com o luto do cônjuge sobrevivo e dos filhos do devedor falecido, se foram moderadas;

IV - o crédito por despesas com a doença de que faleceu o devedor, no semestre anterior à sua morte;

V - o crédito pelos gastos necessários à mantença do devedor falecido e sua família, no trimestre anterior ao falecimento;

VI - o crédito pelos impostos devidos à Fazenda Pública, no ano corrente e no anterior;

VII - o crédito pelos salários dos empregados do serviço doméstico do devedor, nos seus derradeiros seis meses de vida;

VIII - os demais créditos de privilégio geral. (Artigo 965 do Código Civil de 2002)

Bibliografia

ALVAREZ Suárez, Ursicino. *El Negocio Jurídico en el Derecho Romano*. Madrid: Revista de Derecho Privado, 1950.

BARROS Monteiro, Washington. *Curso de Direito Civil. Direito das Obrigações*. 26. ed. São Paulo: Saraiva, 1993.

BEVILÁQUA, Clóvis. *Código Civil dos Estados Unidos do Brasil Comentado*. Rio de Janeiro: Francisco Alves, 1934.

BITTAR, Carlos Alberto. *Direito das Obrigações*. Rio de Janeiro: Forense, 1990.

CARNEVALI de Camacho, Magaly. *Derecho de Obligaciones*. Venezuela: Universidad de los Andes, 1993.

CASTÁN Tobeñas, José. *Derecho Civil Español, Común y Foral*. Madrid, 1991.

CLEMENTE Díaz, Tirso. *Derecho Civil - Parte General*. Ministerio de Educación Superior. Universidad de La Habana, vol. 1, 1984.

COLIN, A e H. Capitant. *Curso Elemental de Derecho Civil*. Madrid, 1943.

DIAZ Pairó, Antonio. *Teoría General de las Obligaciones*. Vol I. La Habana, 1960.

DIEGO, F. Clemente de. *Fuentes del Derecho Civil Español*. Madrid, 1922.

________. *Curso Elemental de Derecho Civil*. Madrid, 1923.

DÍEZ-PICAZO Luis y Antonio Gullón. *Instituciones del Derecho Civil*. Vol. 1. Madrid: Tecnos, 1995.

DINIZ, Maria Helena. *Curso de direito civil brasileiro*, 2º volume: teoria geral das obrigações. 19. ed., ver., aum. e atual. de acordo com o novo Código Civil (Lei n. 10.406, de 10-1-2002) e o Projeto de Lei n. 6.960/2002. São Paulo: Saraiva, 2004.

FERREIRA, Aurélio Buarque de Holanda. Novo dicionário Aurélio da língua portuguesa. 3. ed. Curitiva: Positivo, 2004.

GAGLIANO, Pablo Stolze; PAMPLONA FILHO, Rodolfo. *Novo curso de direito civil*. São Paulo: Saraiva, 2005.

GIORGI, Jorge. *Teoría de las Obligaciones*. Vol 4. Madrid, 1911.

GOMES, Orlando. *Obrigações*. 11. ed. Rio de Janeiro: Forense, 1997.

GONÇALVES, Carlos Roberto. *Direito civil brasileiro*. Volume 2: teoria geral das obrigações. São Paulo: Saraiva, 2004.

KELSEN Hans. *Teoria Geral das Normas*. (trad. José Florentino Duarte). Porto Alegre: Sérgio Antônio Fabris Editor, 1986.

LUDWIG Enneccerus. *Derecho de las Obligaciones*. Doctrina General. Vol. 1. Barcelona. [s.f., s.e.]

LIMONGI França. *Instituições de Direito Civil*. 4. ed. São Paulo: Saraiva, Brasil, 1996.

MANRESA, José María. *Comentario al Código Civil Español*. Tomo II. Madrid, 1911.

MARTÍNEZ Escobar, Manuel. *Obligaciones y Contratos*. La Habana, 1938. [s.e., s.l.]

MONTEIRO, Washington de Barros. *Curso de Direito Civil* - vol. 4 - Direito das Obrigações. 1ª parte. 26. ed. São Paulo: Saraiva, 1993.

PERAL Collado, Daniel. *Obligaciones y contrato civiles*. MES. La Habana, 1980.

PLANIOL Marcelo y Jorge Ripert. *Las Obligaciones*. Tomo Sexto. Primera Parte. Cultural, S.A. La Habana, 1936.

PIETRO Alfredo di; LAPIEZA Elli, Ángel Enrique. *Manual de Derecho Romano*. 4. ed. Ediciones Depalma - Buenos Aires - 1995.

RAMOS Arias, J. *Derecho Romano*. Vol. 3. Selección de textos latinos. Revista de Derecho Privado. Madrid, 1943.

RODRIGUEZ, Dirceu A. Victor. *Dicionário de brocardos jurídicos*. 10. ed. São Paulo: Ateniense, 1994.

RODRIGUES, Silvio. *Direito Civil. Dos Contratos e das Declarações Unilaterais de Vontade*. 21. ed. São Paulo: Saraiva, vol. 3 1993.

________. *Direito Civil: parte Geral das Obrigações* - vol. 2. 25. ed. São Paulo: Saraiva, 1993.

ROJINA Villegas, R. *Compendio de Derecho Civil*. México: Porrúa, 1995.

RUGGIERO, R. *Instituciones del Derecho Civil*. [s.e.] Madrid, 1929.

SILVA Pereira, Caio Mário da. *Instituições de Direito Civil* - volume II – 15. ed. Rio de Janeiro: Forense, 1997.

SERPA Lopes, Miguel Maria de. *Curso de Direito Civil*. 6. ed. Brasil: Freitas Bastos., Vol. 2. 1995.

VALPUESTA Fernández, Ma R. e outros. *Derecho de Obligaciones y Contratos*. 2. ed. Valencia: Tirant lo Blanch, España, 1995.

VENOSA, Sílvio de Salvo. *Direito civil: teoria geral das obrigações e teoria geral dos* contratos. 4. ed. São Paulo: Atlas, 2004.

VILLAÇA Azevedo, Alvaro. *Teoria Geral das Obrigações*. São Paulo: Rt, 1994.

WALD, Arnoldo. *Obrigações e Contratos*. 12. ed. São Paulo: Revista dos Tribunais, 1995.

Printed in Dunstable, United Kingdom

91342463R00095